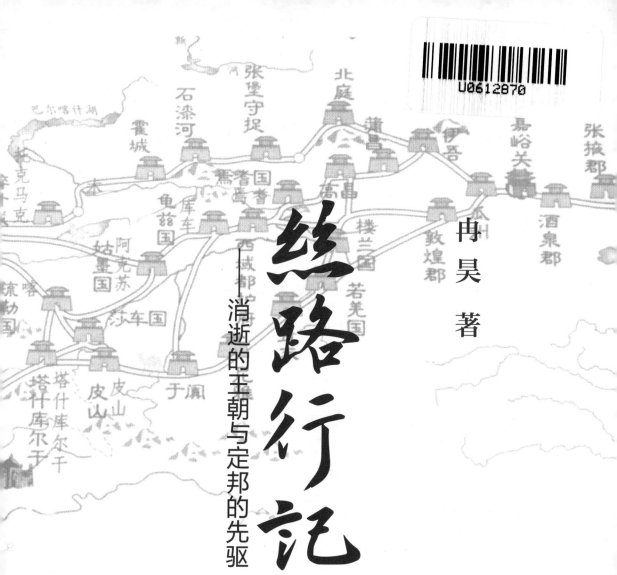

丝路行记

——消逝的王朝与定邦的先驱

冉昊 著

SPM
南方出版传媒
广东人民出版社
·广州·

图书在版编目（CIP）数据

丝路行记：消逝的王朝与定邦的先驱／冉昊著. —广州：广东人民出版社，2021.8
ISBN 978-7-218-15117-5

Ⅰ.①丝… Ⅱ.①冉… Ⅲ.①丝绸之路—历史 Ⅳ.①K928.6

中国版本图书馆CIP数据核字（2021）第113785号

SILU XINGJI——XIAOSHI DE WANGCHAO YU DINGBANG DE XIANQU

丝路行记——消逝的王朝与定邦的先驱

冉昊 著

出 版 人：肖风华

责任编辑：廖智聪
装帧设计：河马设计
责任技编：吴彦斌　周星奎

出版发行：广东人民出版社
地　　址：广州市海珠区新港西路204号2号楼（邮政编码：510300）
电　　话：（020）85716809（总编室）
传　　真：（020）85716872
网　　址：http://www.gdpph.com
印　　刷：佛山市迎高彩印有限公司
开　　本：787毫米×1092毫米　1/16
印　　张：14　字　　数：200千
版　　次：2021年8月第1版
印　　次：2021年8月第1次印刷
定　　价：38.00元

如发现印装质量问题，影响阅读，请与出版社（020—85716849）联系调换。
售书热线：020—85716826

总　论

　　先秦时期，世界东西方交流的通道已经存在。早在文献记述丝绸之路之前两千年，这条中西走廊早已开通，不是为出口丝绸，而是为进口和田玉。可以说，丝绸之路的前身是玉石之路，它可以追溯到距今四千年的时间。①

　　丝绸之路真正开始逐渐走向繁盛，这个起点还是要落在张骞凿空西域之时。自此之后，经过七百六十年的发展，丝绸之路的繁茂到唐朝达到了最高点，也就是我们今天所说的"丝绸之路经济带"。它体现为两个方面：

　　一是唐贞观四年（公元630年），唐太宗平定东突厥，并和西突厥加强了联系，接着又扫除了高昌、焉耆、龟兹等势力，于是西北各族都奉唐太宗为"天可汗"，唐朝加强了西北边疆的军事和行政管理，保证了丝绸之路的繁荣和畅通，同时又完成了对漠北地区的统一，并在回纥②以南开辟了"参天可汗道"，沿途设置邮驿68所，备有驿马、酒肉，专供来往官吏和商贾。从此，西部地区和漠北地区连成一片，使丝绸之路更加畅通无阻。

　　二是突厥族的兴起，使丝绸之路北道的地位日益兴隆。因为当时突厥

---

　　①　叶舒宪：《丝绸之路还是玉石之路》，《人民日报》2013年11月1日，第15版。

　　②　笔者查据，一般认为唐代中期之前称回纥，之后改称回鹘。具体改称时间目前有三种说法：一说是唐宪宗元和四年（公元809年）；二说是唐德宗贞元五年（公元789年）；三说是唐德宗贞元四年（公元788年）。参见韦世明：《中央民族大学学报》（哲学社会科学版），1981年第3期。中央电视台纪录片《中国新疆之历史印记》中也谈及此问题，认为公元788年回纥可汗向唐德宗致书改名为"回鹘"，意为"迅速敏捷如鹘鸟一般"。据此，本书中涉及"回纥"、"回鹘"的提法，以公元788年为准，凡在此之前称"回纥"，此后称"回鹘"。参见中央广播电视总台、新疆维吾尔自治区党委宣传部：《中国新疆之历史印记》第三集《血脉交融》，2021年1月27日中央电视台播出。

古丝绸之路（新疆维吾尔自治区博物馆）

资料来源：作者拍摄

与东罗马经常互通使节，由天山以北沿咸海、里海和黑海的北道可直通地中海。随着西突厥为唐朝所灭而统一于唐，更促进了丝绸之路北道交通的兴盛。因而在唐朝前期，天山以北就出现了许多新兴的商业城市，如庭州、弓月、轮台、热海、碎叶、怛罗斯等。从此，回纥、西辽和蒙古的向西扩张，主要都经由丝路北道与西方发生联系。丝绸之路北道的繁荣是继两汉以来，对外陆路交通发展的必然结果，也是整个陆上丝绸之路发展到鼎盛时期的重要标志。

然而，日中则昃，月满则亏，这是事物发展的普遍规律。到了唐代中期，陆上丝绸之路开始衰落。其最重要的原因，是唐王朝逐步失去对西域的控制。唐天宝十年（公元751年），唐朝与大食（即阿拉伯帝国）在怛罗斯交战，唐军战败，唐朝在西域的威信急剧下降。不久后，安史之乱发生，唐朝于是把驻守在安西四镇的边防守军东调长安，一时间西北边防空虚，吐蕃乘机北上，侵占河西陇右。此时，回纥南下控制了阿尔泰山一带，陆上丝绸之路因此"道路梗绝，往来不通"。

此外，陆上丝绸之路自身的因素，也成为其衰落的内因。一是陆上丝绸之路的不安定性。陆上丝绸之路要穿越多个国家，一旦其中某个国家发生政治动荡，就会对整个丝绸之路的通畅产生不利影响。二是产品运输的不便捷性。陆上丝绸之路在我国的部分位于西北内陆，而许多外销商品如丝绸、瓷器、茶叶产区在东南沿海，使得运输成本高昂。三是陆上丝绸之路自然条件不好。陆上丝绸之路要穿越葱岭（今帕米尔高原）和戈壁沙漠，风沙弥漫，行程艰巨，而传统的骆驼运输，使得运输量也有限。

海上丝绸之路始于秦汉，兴于唐宋。尤其是在唐代中期陆上丝绸之路逐步衰落之后，丝绸之路出现了重大的转向，即由"一带"（丝绸之路经济带）转向"一路"（海上丝绸之路）。究其原因，主要有以下几个方面：

第一，唐代中期之后经济重心开始南移。尤其是在安史之乱后，黄河流域社会经济凋敝，西域断隔；而南方的长江流域中下游一带，社会经济却相对繁荣。国内经济重心开始从北向南转移。以传统外销品丝绸而言，唐代中期之后江浙一带的丝绸产量已大大超过北方。东南沿海各省的陶瓷生产和造船等工业也不断发展，并在全国工业生产中占有越来越重要的地位，这就为海上丝绸之路的发展，奠定了物质基础。

第二，为了适应不断发展起来的瓷器出口和各类香药的进口，对外贸易空前扩大，海上运输量也大大增加。瓷器的大量外销始于唐代中期之后，而海运对于瓷器运输而言是更安全稳妥的途径，故而海上丝绸之路也被称为"陶瓷之路"或"丝瓷之路"。这也反映了海上丝绸之路发展与瓷器主要靠海路运输之间的关系。

第三，唐代中期之后，随着科学技术的发展，航海和造船技术水平日渐提高。汉朝时我国海船航行到印度黄支国，还有"苦逢风波溺死，不者数年来还"[①]的状况，而到了唐代中期之后，中国商船从广州航行至波斯湾尽头的

---

① 《汉书·地理志》，中华书局，1962年版。

末罗国（今伊拉克巴士拉），都只需要89天，这比当年航行到印度的航线距离要远得多。当时我国的造船能力已经较为强大，全国造船工厂遍布。如江苏的扬子（今江苏仪征）一地就有造船厂10家。有一种名叫"苍舶"的大海船，长20丈，可载600—700人。唐代中国船舶之庞大，在当时其他国家和地区是无法比拟的。因此，先进的造船技术也为唐代中期之后海上丝绸之路的兴起，创造了必要条件。

如果说历史上的"一带一路"经历了从"一带"到"一路"的重心转向，那么习近平总书记2013年提出的"一带一路"倡议，则为"一带一路"的发展注入了新的动力，从而使"一带"和"一路"协同发展，为构建人类命运共同体奠定基础。从这个意义上说，理解"一带一路"的历史发展和制度变迁，对进一步认识丝绸之路上那些消逝的王朝与定邦的先驱，大有裨益。

目录
CONTENTS

第一部分　历史变迁

一、楼兰变迁 　　　　　　　　　　　　　　　　　　　　　　　　/2

二、高昌王朝的兴起 　　　　　　　　　　　　　　　　　　　　/12

　　人物记　张骞、班超、王延德：纵横捭阖外交使 　　　　　/19

三、瓜州兴废 　　　　　　　　　　　　　　　　　　　　　　　/29

四、安西四镇 　　　　　　　　　　　　　　　　　　　　　　　/34

　　人物记　郑吉、仓慈、裴矩：定域安邦治疆才 　　　　　　/40

五、突厥、吐蕃的兴起 　　　　　　　　　　　　　　　　　　　/47

六、察合台汗国的形成 　　　　　　　　　　　　　　　　　　　/58

七、瓦剌西迁 　　　　　　　　　　　　　　　　　　　　　　　/68

八、乾隆维护祖国统一 　　　　　　　　　　　　　　　　　　　/73

九、巴尔鲁克山与阿勒泰的回归 　　　　　　　　　　　　　　/77

　　人物记　年羹尧、兆惠、左宗棠：维护一统抚远将 　　　　/83

第二部分　制度变迁

十、都护府的演变 　　　　　　　　　　　　　　　　　　　　　/94

十一、督统政制 　　　　　　　　　　　　　　　　　　　　　　/102

1

十二、羁縻政制　　　　　　　　　　　　　　　　/111

　　人物记　玄奘、义净、鉴真：求取真经弘佛法　　/116

十三、军府政制　　　　　　　　　　　　　　　　/126

十四、建省政制　　　　　　　　　　　　　　　　/134

十五、市舶司演变　　　　　　　　　　　　　　　/140

　　人物记　亦黑迷失、郑和：海上丝路先驱者　　/147

十六、屯垦变迁　　　　　　　　　　　　　　　　/152

第三部分　历史事件

十七、"三绝三通"　　　　　　　　　　　　　　　/160

　　人物记　耿恭、班勇、阿史那社尔：追击穷寇武英臣　/166

十八、东吴"扶南"　　　　　　　　　　　　　　　/172

十九、丝绸之路上多宗教的交融共存　　　　　　　/176

二十、宋代的海上生意　　　　　　　　　　　　　/183

二十一、凉州会谈　　　　　　　　　　　　　　　/193

　　人物记　鲁明善、海答儿、徐松：农科史地著等身　/200

参考文献　　　　　　　　　　　　　　　　　　　/207

后记：万方乐奏有于阗　　　　　　　　　　　　　/212

交河城　高昌

姑墨　轮台　楼兰　伊西　敦煌

大谷城　延城　温宿　扞泥

疏勒　渠犁

渴槃陀　皮山　貝木

呼缄　于阗

扞弥

第一部分

历史变迁

一、楼兰变迁

"黄沙百战穿金甲，不破楼兰终不还。"唐朝边塞诗人王昌龄让"楼兰"名垂千古、世人传诵。然而，如今淹埋在尘沙之中的"楼兰"，究竟具有怎样的魅力，为后世文人骚客经久传诵？楼兰古国又经历了怎样的兴废？

楼兰，敦煌西入西域的重要门户，在历史上具有重要战略价值。西汉以楼兰为重要据点，抗击在天山中段的焉耆、危须、尉犁活动的匈奴。同时，可以从楼兰沿着天山南麓西进拓展西域领土，因而具有重要战略地位和发挥中间供给站的作用，由此引发匈奴和西汉之间多次战争。汉武帝不惜一切代价在敦煌西北到罗布泊之间的沙漠戈壁构筑起一条新长城，为其实现西进西域的战略构想建立"进可攻，退可守"的基地。

1. 楼兰的兴起

由于西部塔克拉玛干沙漠和东部白龙堆都是寸草不生的不毛之地，楼兰国所依赖的生存之地仅有两河尾部的罗布泊绿洲。当时的罗布泊，据史书记载："蒲昌海，一名盐泽者也，去玉门、阳关三百余里，广袤三百里，其水亭居，冬夏不增减。"①作为众河汇聚之地，塔里木河、孔雀河、车尔臣河等众多大小河流，从四面八方直奔罗布泊，河洲交织，红柳、芦苇丛生，胡杨古木参天，于荒凉大漠之上自是别有一番景色。

---

① 《汉书·西域传》，中华书局，1962年版。

　　然而，楼兰国本身国力衰微，楼兰王一方面不满于汉武帝西征索要楼兰补给（史书记载，楼兰国每年都要迎来送往十多批汉使），另一方面还必须忍受汉朝和匈奴士兵的掠夺抢劫。于是在匈奴的挑拨下，楼兰王多次派兵阻断汉使通行，并杀害往返于河西与西域之间的中原使节。汉元凤四年（公元前77年），汉朝大将军霍光派遣平乐监傅介子率士兵设计杀死楼兰王，立楼兰王之弟尉屠耆为王，并更其国名为鄯善，遣汉朝吏卒40人在伊循屯田积谷，鄯善王得以依靠汉朝人的威信在此立足。由此，敦煌、玉门关、楼兰、渠犁、轮台的屯田连成一线，坚定了鄯善王拥护汉朝的决心，为巩固汉朝在西域的统治起到了不可磨灭的作用。

　　为了通渠积谷，汉朝又在罗布泊地区设立了粮仓。在这里屯田的士兵，不仅携带家属，还把中原的各种农具、先进的耕作方法带到了罗布泊一带。屯田积谷不但满足了自用，还能接待往来的使者、官员，也具有守疆戍边的功能。

　　鄯善国在汉朝的支持下，国力逐渐强盛，陆续吞并了且末国、婼羌国、小宛国、精绝国，成为西域七雄之一，不仅楼兰、伊循、于尼在它的管辖范围内，而且精绝国一带都在其统治范围内。汉末三国时期，鄯善国成为西域残留下来的一个小国家，凭借塔里木河、孔雀河等河流支流众多的优势，在伊循等地大规模屯田。[①]

　　2世纪末，印度贵霜王朝发生内乱，一部分流亡者逃亡到葱岭以东的喀什、鄯善、于阗、精绝等国。由于鄯善国和精绝国的欧洲塞种人与印度贵霜人在种族上有渊源，所以逃亡到此的贵霜人便在鄯善、精绝等地落叶生根，由此对鄯善国、精绝国的社会生活和民族文化产生重要影响。据考古研究显示，当年在北印度使用的文字一度在罗布泊地区与汉文平起平坐，成为鄯善的官方语言，佛教建筑也大量出现以印度式佛塔为中心的犍陀罗风格。

---

　　① 范少言等：《丝绸之路沿线城镇的兴衰》，中国建筑工业出版社，2010年版，第227页。

2. 楼兰的繁盛

如果还原当年的楼兰城，其总面积约为10万平方米，基本呈正方形，南北各有一个城门，城下有驻军安营扎寨，城上有士兵把守，戒备森严。孔雀河、塔里木河绕城而过，古城西北角至东南角有一条人工水渠，把楼兰古城分为东北和西南两个部分。东北部分以佛塔为标志，应当是佛教寺院区域；西南部分散布着大小院落，应当是居住区。水道两旁花草繁盛，延伸着楼兰城的繁华街市，城内街道纵横，商铺鳞次栉比。

概要地说，楼兰的繁盛呈现出几个特点：

一是受宗教特别是佛教的影响较大。在楼兰城内，大佛寺是城内最高大宏伟的建筑，佛塔高十几米，在城外很远的地方就能看到那印幡覆钵式塔顶；佛塔周围的一大片建筑是用数十根长达五六米的粗木料建成的佛殿。佛殿的木头柱子和木板上雕刻着精致的图案和佛像，佛殿里供奉大佛。关于楼兰佛教在本章最后部分还会有介绍。

二是多种文化交汇于此。楼兰是一个小城镇，却担负着国际大都市的使命。这里不仅聚集着来自中国的汉人，而且有印度贵霜、伊朗、大宛、康居等国往来于途中的官员、使者、士兵、商贾、僧侣和移民。经过漫长的沙漠苦旅，人们在这里歇息整理、办理公文、交易商品、弘扬佛法、补充食品和水等。此外，楼兰流通各种货币，包括汉朝的五铢钱、贵霜的金币，还有中亚各国的钱币，楼兰作为沙漠边缘一个繁荣的国际金融市场，成为中国丝绸、大宛琉璃、波斯香料以及中亚各国出产的各色手工艺品交流贸易的场所。

三是地缘位置具有战略作用。魏晋时候，西域长史驻扎在楼兰城，使楼兰逐渐成为西域政治、军事、经济、文化的中心。随着东西方文明交流的日益频繁和规模的逐步扩大，丝绸之路扩展成南道和北道，西出敦煌后，丝绸之路的南北两道分界线正是楼兰。楼兰作为亚洲腹地的交通枢纽城镇，在当时的东西方文化交流中起到重要作用。

楼兰的繁盛主要有两个原因。其一是地理位置重要。楼兰依山傍水，是当时丝绸之路上的重要交通枢纽。丝绸之路开通后，汉族文明传入楼兰，对楼兰的发展起到重要推动作用。其二是与中央王朝对这里实行有效管理有关。在楼兰遗址出土的大量汉文文书表明，中央王朝在这里进行过行政管理，打击和震慑来自各个方面对丝绸之路构成安全威胁的势力，保护过往商旅的安全，管理贸易往来，在此屯田、发展水利和农业生产，为丝绸之路贸易提供保障。

3. 楼兰的屯垦

当西汉接管楼兰后，因楼兰有着向东接河西及内地，向西能控制塔里木盆地南北两道的重要军事战略地位，汉朝采用屯田驻兵的方式加强对楼兰的控制。西汉政府在西域的驻军大本营，常驻屯田军人1万多人，最多时达到了1.5万人①，从而对西域匈奴贵族起到震慑作用。这些屯田部队很多带着家属，平时屯田，有敌情就参战。他们挖井修渠，开荒种地，建仓积谷，不仅屯田官兵的安全有了保障，同时丝绸之路也更加畅通。

在考古发现的罗布泊北岸及孔雀河下游汉军屯垦的沟渠、堤防和兵营住宅及西汉古烽燧亭的遗址来看，楼兰在西汉时期对中原与西域的稳定起到了举足轻重的作用。西汉在楼兰设置屯田的粮仓叫居芦柴仓，它不仅是供给西汉官兵口粮的大粮仓，同时也是传递文书的驿站。如西汉破羌将军辛武贤率领的一万五千士兵抵达敦煌后准备再度西征，其军备粮草的转运就是通过居芦柴仓完成的。②

西汉屯田军民的主食是粟（小米）、小麦、稷（糜子）。考古学者曾在楼兰古城内发现深达70厘米的糜子堆。③汉朝政府对屯田军民在物质和政治上

---

① 范少言等：《丝绸之路沿线城镇的兴衰》，中国建筑工业出版社，2010年版，第230页。

② 范少言等：《丝绸之路沿线城镇的兴衰》，中国建筑工业出版社，2010年版，第230页。

③ 范少言等：《丝绸之路沿线城镇的兴衰》，中国建筑工业出版社，2010年版，第231页。

都实行比较宽厚的政策，这使得屯田官兵没有了后顾之忧，提升了他们屯垦戍边的积极性。

到了东汉，楼兰的屯垦规模虽然不如西汉，加之东汉政府重内轻外的政策，屯田军人数量减少，但东汉时期西域各地屯垦的官兵也达到了5000人左右。[1]尤其是东汉为解决塔里木盆地南道官兵的军粮而在所属各地发展屯田事业，以及汉永元三年（公元91年），东汉政府重置西域都护府之后，在楼兰恢复屯田，增加军屯的犯人，进行犯屯。

魏晋之后，沿袭东汉旧制。晋泰始元年（公元265年），西晋在楼兰设置西域长史府，监护乌孙以外的西域各地。其间楼兰也保留了西域长史，管理西域属国的日常工作。据史料记载，魏晋时期楼兰一直是西域长史府的驻地，是当时西域的政治军事中心和最主要的屯戍基地之一。到了西晋末年，楼兰仍然驻有部队，驻军在城内也有耕地。

从民国初年罗振玉、王国维编辑的《流沙坠简》中记载的楼兰城内出土的木简反映的农业垦种情况来看，正面"大麦二顷已栽廿亩；下床九十亩溉七十亩；小麦卅七亩已栽廿九亩；禾一顷八十五亩溉廿亩茹五十亩"，简背记载着"大麦六十六亩，栽五十亩；下床八十亩溉七十亩；小麦六十三亩溉五十亩；禾一顷七十亩茹五千亩溉五十亩"。[2]

晋建兴五年（公元317年），西晋灭亡后，前凉政权统治河西走廊及西域地区，直到晋太元元年（公元376年）左右。此时耕地由于水量不足，粮食面积没有种足，同时也不能充分灌溉，导致军粮供应不足，西域长史府官署多次要求所属吏兵节省口粮，如简木记录"今权复减省督将吏兵所食条所减""宜渐节省使相周接"[3]等语，表明已经开始核实和削减粮食供应，降低

---

① 方英楷：《新疆屯垦史》，新疆青少年出版社，1989年版。

② 罗振玉、王国维：《流沙坠简》，中华书局，1993年版。

③ 苏北海：《楼兰古道对汉朝统一西域及丝路的重大贡献》，《西北史地》1996年第4期。

定额分配标准，同时鼓励军民团结，节省粮食共渡难关。其中一个重要原因在于孔雀河下游水源日益枯竭，最终在晋太元元年（公元376年）前后，西域长史府迁出楼兰城到西南部的海头城。

从此以后，楼兰逐渐没落，再没有往日的辉煌。

4. 楼兰的衰亡

近五百年的兴盛并没能换来楼兰永世的发展，楼兰最终在历史舞台上悄然消失，原因大致有如下五个方面：[①]

一是地质环境变迁改变了楼兰的生态环境条件。从宏观环境条件来看，青藏高原的抬升一直都没有停止。4—5世纪时，地质环境和西北气候有过一次大的变化，地壳运动使塔里木河与孔雀河、车尔臣河等河道改道，从而导致流入罗布泊的水量大减；此外，西北丝绸之路沿线气候环境逐渐变暖，蒸发量大增，导致气候越来越干旱。楼兰地处荒漠地区的绿洲上，其生态环境比较脆弱，对气候的干湿变化也很敏感。水是存在和发展的决定性因素，在缺乏水补给和地理气候变化的影响下，沙漠中的植被在气候变干、风沙变大的情况下也逐步退化。这些因素直接改变了楼兰所处的区域环境条件，成为楼兰荒废的第一原因。

二是罗布泊水资源的减少。随着两汉对西域的开发，丝绸之路繁盛的局面使其沿线贸易发展加速，人口增加，沿途城镇也不断建立起来。在巨大的需求刺激下，沿线各个国家尤其是绿洲国家都不断加大土地垦殖面积，而源于高山冰川融雪的塔里木河、孔雀河是天山南麓诸多绿洲国家生产和经济发展的基础，上游的大量垦殖必然带来下游水资源的缩减。以前的塔里木河在水量较为充足的时候会冲出台特玛湖，漫过塔克拉玛干沙漠和孔雀河，汇流到罗布泊。但是上游的过量开垦导致塔里木河水量再也无法流出沙漠去滋润罗布泊的绿洲，孔雀河的水流距离也越来越短，罗布泊地处干旱的沙漠边

---

① 范少言等：《丝绸之路沿线城镇的兴衰》，中国建筑工业出版社，2010年版，第234页。

缘，水的蒸发量每年达到2000毫米，而降水量只有20毫米。水源的减少，使得罗布泊逐渐干涸，周边的绿洲也逐步荒漠化、盐碱化。

三是楼兰人口规模的迅速增加加剧了楼兰生态环境的恶化，导致其最终衰败。从现存的文字记载来看，虽然没有确切的数字，但是楼兰常住人口不断增加和扩张，是一个不争的事实。除了常住人口，流动人口数量也越来越多，包括朝使、商人、僧侣等，这些都会加重楼兰城的生活用水以及农牧业灌溉用水。过度放牧、过度开荒致使垦殖面积越来越大，将原有地表生态层破坏，水资源下渗和蒸发量增加，土地沙漠化加剧。

四是政治的动荡。魏晋时期中原内地陷入群雄割据，中原王朝无暇西顾。这时，西域各国之间的战乱和矛盾也不断爆发，楼兰、尼雅、于阗等国都面临着外敌入侵的局面。内忧外患成为楼兰发展的阻力，越来越多的楼兰人远离家乡，楼兰城空心化加剧，最终土地荒废、城市衰败。

五是瘟疫泛滥。在尼雅出土的竹简中有当地鼠患成灾的记载，老鼠多得出奇、大得惊人，这在某种程度上表明当地的生态环境遭到破坏，动植物生态链出现紊乱，最终出现瘟疫，成为城市衰亡的一个重要原因。

楼兰，这座西出阳关古丝绸之路上的第一个文明古国，在经历了中西文化交流中心、中西交通枢纽、西域金融中心的辉煌后，国久空旷、城皆荒芜、城郭巍然、人烟断绝，一片凄凉景象，最终销声匿迹于沙漠之中。

5. 楼兰在丝绸之路中的作用

楼兰城是楼兰王国前期政治、经济、文化中心，它东通敦煌，西北到焉耆、尉犁，西南到若羌、且末，在丝绸之路上具有重要作用。

第一，楼兰是丝绸之路的重要枢纽。由敦煌向西，丝绸之路在楼兰地区又分出若干条通道。

在两汉时期，主要分出两条通道：一路向西，沿塔里木盆地北缘和塔里木河，经库车、阿克苏，到塔里木盆地西端的喀什（古称疏勒），再经塔什库尔干翻越帕米尔高原到中亚、西亚和西南亚地区以及欧洲，称丝绸之路北道；一路向西南，经若羌、且末、和田，向西翻越帕米尔高原到中亚、西南亚和西亚以及欧洲，称丝绸之路南道。

到三国以后，丝绸之路分为三条通道，即在前两条通道基础上多出另外一条，从楼兰向北经吐鲁番盆地再向西北，沿天山北麓向西，经伊犁河谷向西到中亚、西亚和欧洲地区。这样，原先的北道后来被称为中道，新出现的沿天山北麓的通道被称为北道，丝绸之路南道不变。

另外还分有若干次要分支通道。其中有从楼兰向北经过吐鲁番盆地再向西南经过焉耆到塔里木盆地，与沿塔里木盆地北缘的通道相合并，从阿克苏向西北经今吉尔吉斯共和国的伊塞克湖向西到中亚和西亚。

尽管存在这许多通道，但在楼兰古城未被废弃之前，通过楼兰的丝绸之路南道、中道和北道，一直是丝绸之路的主要通道。而楼兰则是这三条道路的必经之地。[1]

第二，楼兰是中国早期佛教传播的重要媒介。楼兰古城的佛寺区位于城内东北一带的台地上，城内唯一的八面体佛塔就矗立于此。[2]

从建筑形制来看，这座佛塔基本采用了犍陀罗佛塔风格。目前所知最早的八面体佛塔就起源于犍陀罗。犍陀罗古国是印度西北的佛教中心，这个地区自马其顿国王亚历山大入侵（公元前326年）后即被希腊人占有。后来，八面体佛塔随着部派佛教的发展向四方传播，因此八面体佛塔源于犍陀罗，其后又通过丝绸之路传入楼兰，再通过楼兰传入河西走廊，被凉州（今甘肃武威）僧人普遍接受后，八面体佛塔样式才开始大量出现在后期的北凉佛塔中。[3]

犍陀罗通过丝绸之路将其艺术风格传至楼兰，楼兰又通过丝绸之路继续

---

[1] 范少言等：《丝绸之路沿线城镇的兴衰》，中国建筑工业出版社，2010年版，第233页。

[2] 刘瑶：《略述楼兰及其在丝绸之路上的重要地位》，《发展》2014年第9期。

[3] 陈晓露：《从楼兰八面体佛塔看犍陀罗艺术之东传》，《中国民族报》2010年12月7日。

将犍陀罗佛教艺术带至河西走廊。在东西方文化的交流和碰触下，楼兰佛教文化不断繁荣发展并逐渐形成兼具内陆和犍陀罗艺术风格的多元体。而随着佛教文化从楼兰向中原内陆的传入，楼兰佛教无论在佛塔还是佛像方面都对河西走廊的佛教艺术产生了深远的影响。

据载，楼兰古城的发现者、瑞典探险家斯文·赫定在距离楼兰佛塔不远的遗址处采集到一件坐佛木雕，残存6个佛龛，每龛内有一尊佛像，也有头光和背光。这种坐佛雕像在楼兰十分流行，常见于犍陀罗造像。

> 犍陀罗造像的主要特点是形象写实性强，面部明显具有欧洲人特征：波浪形头发，深目高鼻，眼睑细长，丰颊薄唇，头部肉髻多采用束发式，着希腊罗马式披袍，佛之天衣通肩缠绕，或袒右肩，跣足，衣服紧贴身体，衣纹堆叠有厚重质感，稠密而有规律。佛与菩萨有项光，项光作平板圆形。[①]

楼兰古城内外均有佛教文化遗迹，足以证明当时的楼兰民众和汉族戍军都信奉佛教。

显然，楼兰是中国早期佛教的一个重要传播中心。随着汉代丝绸之路的凿空，楼兰见证了当时佛教的广传，楼兰国自身的佛教文化及其相关建筑也深受异域和汉朝佛教的影响。在曾属于古楼兰国地域的米兰遗址中，人们还发现了东西两座大佛寺以及8—9世纪的吐蕃藏文木牍。

> 东大寺高约6米，分上下两层，外围有较高的院墙，寺内建有佛龛，寺内尚存有半浮塑的菩萨和天王像，其下四周还有卷云柱头浮塑。佛殿废墟东侧建筑物下还有大型佛塑像和遗弃在地的大佛头。西大寺与东大寺相望而建，以5.6米×12.2米的长方形须弥式塔座为中心，基座外绕有

---

① ［瑞典］斯文·赫定：《亚洲腹地旅行记》，李述礼译，上海书店，1984年版，第359页。

走廊，基座上建有直径3米的圆形建筑物。①

这些佛像姿态生动，图案丰富，线条优美而简练，是西域早期佛教文化的典型，更是丝绸之路上吐蕃与西域交流，以及佛教通过楼兰古道东传的有力证明。

① ［瑞典］斯文·赫定：《亚洲腹地旅行记》，李述礼译，上海书店，1984年版，第359页。

二、高昌王朝的兴起

　　《西游记》里著名的"火焰山"就在今天的新疆吐鲁番市高昌区。历史上真实的唐玄奘，在西天取经的路上，曾与高昌国王麴文泰结拜为兄弟。玄奘继续西行时，高昌国王写了24封致西域各国的通行文书，还赠送了数十匹马、25名仆役及"黄金百两，银钱三万，绫绢五百匹"。这个令玄奘念念不忘的高昌国，究竟有怎样的魔力？而今掩埋于历史尘埃中的高昌遗迹，又是怎样的？

　　高昌国是古丝绸之路上重要的佛教国家，位于今新疆吐鲁番市高昌区东南之哈拉和卓（Karakhoja）地区，是古时西域交通枢纽，亦为古代新疆政治、经济、文化的中心之一。

　　关于高昌的历史，《新唐书·高昌传》有比较详细的记载。5世纪中叶至7世纪中叶，在这个狭窄的吐鲁番盆地中，曾先后出现四个汉族独立王国，分别是阚氏高昌、张氏高昌、马氏高昌及麴氏高昌。

　　本章主要围绕唐朝（包括唐朝初年）之前的高昌，即汉族统治时期的高昌，尤以麴氏高昌为中心，梳理高昌王朝在古丝绸之路上的变迁。

1. 高昌王朝的形成

　　高昌城大约建于公元前1世纪，是由西汉王朝在车师前国境内的屯田部队建立的。《汉书》中最早提到的"高昌壁"，指的就是高昌城。《北史·西域传》记载：昔汉武遣兵西讨，师旅顿弊其中，尤困者因住焉。地势高敞，人庶昌盛，因名"高昌"。汉、魏、晋历代均有戊己校尉驻扎此城，管理屯田，故高昌城又被称为戊己校尉城。

327年，前凉张骏在此"置高昌郡，立田地县"①。以后这里又先后被河西走廊的前秦、后凉、西凉、北凉所管辖。

高昌故城遗迹，远处即著名的火焰山
资料来源：作者拍摄

从民族上说，麴氏高昌国是一个多民族交融的汉族政权。说它是汉族政权，是因为在其立国期间，虽然中原政权更迭频繁，但麴氏高昌都接受中原政权的册封，向其称臣，包括北魏、北周、隋朝和唐朝。说它是多民族交融，因为麴氏高昌地处西域边陲，究其地缘位置而言，本身就是多民族交杂居住往来的地方，包括汉族，以及高车、铁勒、突厥等游牧民族，经过数百年的民族融合，使麴氏高昌的统治者都带有多民族的血统，因而它也不是一个纯粹的汉族政权。更为重要的是，由于地处游牧民族和中原王朝的夹缝之中，为了求得生存，不得不两边讨好，因而麴氏高昌也接受少数民族游牧政权的册封，向其称臣。历史上很多高昌麴氏统治者就有多个政权册封的称

① （唐）徐坚：《初学记》卷8，引自（南朝）顾野三：《舆地志》，中华书局，2008年版。

号，并同时使用。如麴宝茂封号为：使持节、骠骑大将军、开府仪同三司、都督瓜州诸军事、侍中、瓜州刺史、西平郡开国公、西菫、时多浮跋、无亥、希利发、高昌王麴宝茂。其中，"使持节、骠骑大将军、开府仪同三司、都督瓜州诸军事、侍中、瓜州刺史、西平郡开国公"是西魏或北周的封号；"西菫、时多浮跋、无亥、希利发"是铁勒的封号；"高昌王"是麴氏政权自己的封号。①

2. 高昌国与中原王朝的交融

历史上，唐玄奘去印度那烂陀寺求取真经，路过高昌国，与国王麴文泰结为兄弟，并约学成之后再来高昌普度佛法。这固然反映了唐玄奘与高昌国王的个人情谊，但背后却体现了高昌与中原王朝深厚友谊的历史基础。事实上，从高昌王国兴起，就与中原王朝有密切联系，并且从政治和经济等多个方面借鉴了中原王朝的经验。

其一，从政治体制上说，麴氏高昌基本沿袭了中原王朝的古制，可见它在政治上受古代中原王朝的影响很大。这里要注意的是，高昌朝并未使用与其同时期的中原王朝的官职称谓，如北魏的"三师三公"②，北周的将军、司马，或是隋唐的三省六部，而是使用了春秋战国时期中原的官职称谓。高昌国的最高统治者为高昌王，其次是高昌令尹。"令尹"就是春秋战国时楚国的最高官职，据《说文解字》的解释，"令尹：令，发号也；尹，治也；令尹，握事者也"。后来秦始皇统一六国，建立郡县制之后，历代中原王朝基层的府县主官也被称为"尹"，如北宋的开封府"尹"等。而高昌的令尹一般由世子担任，是高昌国"一人之下，万人之上"的人物。

其二，从经济制度上说，高昌王国借鉴中原王朝经验最重要的一个体现，就是进行"均田制"改革。均田制是我国历史上有名的土地制度，即按

---

① 李文娟：《麴氏高昌及其对丝绸之路的贡献》，《甘肃金融》2014年第10期。
② 太师、太傅、太保是为"三师"；太尉、司徒、司空是为"三公"。

人丁数把国有的无主荒地使用权直接分配给农民，其中一部分耕地的使用权可以由后代继承，另一部分在其死后还给官府。北魏初年，我国北方长期战乱，大量人口南迁，造成北方耕地荒芜。鉴于此，北魏统治者开始把掌握的土地分配给农民，农民向政府交纳租税，并承担一定的徭役和兵役，这一基本土地制度一直实行到唐朝中前期，才被两税法所取代。高昌王国与自北魏以来的中原王朝保持臣属关系，因而也可能受其影响通过推行均田制进行土地改革，增加王朝赋税。有学者对吐鲁番出土的相关文献推断，麹氏高昌某种程度上推行均田制具有明显的迹象。[①]然而，也有学者认为高昌国不可能进行均田制改革，理由是研究发现无论在麹氏高昌前期还是后期，民间都可以进行土地的自由买卖——这与均田制以土地国有为前提是矛盾的，因此认为当时不可能推行均田制。[②]然而无论如何，中原王朝经济制度对高昌国的影响是不可否认的，这也是高昌国王麹文泰如此高规格接待当时名气还没那么大的唐玄奘的原因之一。

由于政治和经济与中原王朝的这种一体性，也使得高昌国"大树底下好乘凉"，背靠中原王朝延续了其近两百年的统治，政权延续性远超当时战乱频仍的中原大地。

3. 金融的多元化

由于特殊的地理位置，高昌国流通着多种不同地域的货币。

最有名的是"高昌吉利"，也就是高昌国自己铸造和发行的钱币。从1973年吐鲁番阿斯塔那墓地519号麹文姿墓出土的一枚高昌吉利钱可以看出，此钱币方孔圆钱，与中原王朝主要流通的铜钱已经非常相似。然而，关于铜钱上"吉利"两字的含义，至今仍有争论。有人认为"吉利"两字，应为突厥语ihk或ihg的汉语音译，意思为"王"，"高昌吉利"就为汉语"高昌

---

① 张鸿儒：《麹氏高昌的土地买卖和推行均田制的某些迹象》，《河北大学学报（哲学社会科学版）》1988年第1期。

② 芦开万：《麹氏高昌未推行均田制度论》，《敦煌学辑刊》1986年第1期。

王"。①但究竟是何含义，至今仍莫衷一是。

另一种在高昌大量流通使用的货币是波斯萨珊银币。显然这是从波斯地区带入的钱币，足见当时的高昌，已经成为丝绸之路上一个重要的贸易集散地，来自东西方的商人在这里交易，促进了东西方文明的融合。

此外，拜占庭金币也在高昌国流通使用。高昌是粟特商人由西而东的必经之地，也是他们的贸易中转站，因此，在这里总是汇聚一大批粟特人，久之形成"聚落"。这些"聚落"除了作为商人们的家园，还帮助来往于城镇贸易网络中的商人们进行买卖活动。据考证，现今在吐鲁番地区（也就是高昌国故址）附近发现的拜占庭金币，都是粟特人带入的，并且这些拜占庭金币也同"高昌吉利"、波斯萨珊银币一起在高昌国流通使用。

4. 高昌遗迹

唐贞观十四年（公元640年），唐朝大将侯君集灭高昌国，置高昌县，后唐朝设安西都护府统辖高昌。这也是为什么唐玄奘印度取经东归，没有履行诺言再经高昌的原因——此时高昌国已不复存在了。8世纪末以后，吐蕃人曾一度占据了高昌。9世纪中叶以后，漠北草原回鹘汗国衰亡后，西迁的部分余众攻下高昌，在此建立了回鹘高昌国。公元1209年，高昌回鹘臣附蒙古，又经历了短暂的和平时期。然而，13世纪以后，天山以北广大地区的西北蒙古游牧贵族以海都、都哇为首发动叛乱，曾多次南下侵犯臣属于元朝的回鹘高昌国，1275年一次出兵12万围攻已改名火州的高昌达半年之久，后来亦都护（高昌王号）火赤哈尔的斤终于战死在同海都、都哇的战争中。这场战火延续四十余年之久，高昌城在战乱中被毁。②

---

① 李文娟：《麹氏高昌及其对丝绸之路的贡献》，《甘肃金融》2014年第10期。

② 《高昌故城——古代西域留存至今最大的故城遗址》，吐鲁番市人民政府网，2013年4月8日。

高昌可汗堡遗址

资料来源：作者拍摄

　　高昌城遗址规模宏大，总面积200万平方米，是古代西域留存至今最大的故城遗址。高昌故城的维吾尔语叫亦都护城，即"王城"。

　　高昌城在13世纪末的战乱中废弃，大部分建筑物消失无存，目前保留较好的外城西南和东南角保存两处寺院遗址。其中西南角的寺院，占地近1万平方米，由大门、庭院、讲经堂、藏经楼、大殿、僧房等组成。从建筑特征和残存壁画上的连珠纹图案分析，该建筑年代约为6世纪。这正是高昌王朝比较繁盛的时期。[1]

　　内城北部正中有一平面不规则略呈正方形的小堡垒，当地叫"可汗堡"。堡内北面的高台上有一高达15米的夯筑方形塔状建筑物。西面有一座地上地下双层建筑物，现仅存地下部分，南、西、北三面有宽大的阶梯式门道，规模虽然不大，但与交河故城现存唐代最豪华的一所官署衙门建筑形制相同，可能是一处宫殿遗址。中华人民共和国成立前，一支德国考察队曾在

---

　　①　范少言等：《丝绸之路沿线城镇的兴衰》，中国建筑工业出版社，2010年版，第237页。

高昌故城中的佛寺遗址

资料来源：作者拍摄

堡内东南角发掘出一方"北凉承平三年沮渠安周造寺功德碑"。北凉承平三年为公元445年，沮渠安周是在高昌建立流亡政权的北凉王，据该碑推断，此堡可能是当时的宫城，并有王室寺院。①

高昌城被誉为"长安远在西域的翻版"。曾有一位考古学家认为，如果想知道盛唐时期的长安城是怎样的，就来吐鲁番的高昌故城。从高昌城的繁盛到现在已过去一千多年，当时的形制和布局依稀可见。然而，除了少数较为完整的建筑外，其他残破的土墩、败落的残垣，就只能留存在荒漠孤烟之中了。

① 范少言等：《丝绸之路沿线城镇的兴衰》，中国建筑工业出版社，2010年版，第237—238页。

张骞、班超、王延德：纵横捭阖外交使

在丝绸之路的历史上，不仅留存了历史遗迹供人凭吊，还涌现出为维护丝绸之路的长久稳固和中央政府对西域的统治而纵横捭阖的外交使节们。本章人物记就为大家介绍三位丝绸之路上最有名的外交使节。

"凿空"丝绸之路的张骞

写丝绸之路的人物，第一个必然是张骞。关于张骞的介绍已经汗牛充栋，我们不妨看看《汉书·张骞传》开篇第一句的介绍："张骞，汉中人也，建元中为郎。"寥寥数语，把张骞的身份背景介绍得很完整。

张骞为什么要出使西域？原因主要有两个：

一是匈奴的威胁使汉朝必须拓展外部邦交。春秋战国以后，匈奴各部分别形成奴隶制小国，其国王称"单于"。楚汉战争时期，冒顿单于乘机扩张势力，相继征服周围的部落，灭东胡、破月氏，控制了中国东北部、北部和西部广大地区，建立起统一的奴隶主政权和强大的军事机器。匈奴奴隶主贵族经常率领强悍的骑兵，侵占汉朝的领土，骚扰和掠夺中原居民。

汉高祖七年（公元前200年）冬，冒顿单于率骑兵围攻晋阳（今山西太原）。刘邦亲领32万大军迎战，结果反被冒顿围困于白登（今山西大同东部），7日不得食，只得采用陈平的"奇计"，暗中遣人行贿冒顿的阏氏夫人，才得解围。从此，刘邦再不敢用兵于北方。后来的惠帝、吕后和文景二帝，对匈奴始终采取和亲和防御的政策。但匈奴仍凭借其强大的军事实力寇边进犯。汉文帝时期，匈奴骑兵甚至深入甘泉，进逼长安，严重威胁着西汉王朝的安全。

二是联合大月氏，以达到汉武帝"连横合纵"之外交战略目的。葱岭以西，当时有大宛、乌孙、大月氏、康居、大夏诸国，由于距匈奴较远，尚未直接沦为匈奴的属国。而在张骞出使之前，东方的汉朝和西方的罗马对它们都还没有什么影响，故匈奴成了唯一对它们有影响的强大力量。汉朝联合大月氏，沟通西域，在葱岭东西打破匈奴的控制局面，意图孤立和削弱匈奴。

汉武帝即位不久，从来降的匈奴人那里得知，在敦煌、祁连一带曾住着一个游牧民族大月氏，中国古书上称"禹氏"。秦汉之际，月氏曾一时强大，攻占邻国乌孙的土地，这就同匈奴的利益发生了冲突。

> 月氏人，战国（公元前475年—公元前221年）时期活动于河西走廊到塔里木盆地的广大地区，秦（公元前221年—公元前206年）汉之际最为强盛。①

此后，匈奴冒顿单于多次击败月氏，致其国势日衰。至老上单于时，月氏国王被杀，月氏王的头颅被割下来做成酒器。经过这次国难，月氏人被迫西迁，并在现今新疆西北伊犁一带，赶走原来的塞种人，重新建立了国家，从此对匈奴记恨于心。

汉武帝听到有关大月氏的传言，就想与大月氏建立联合关系，又考虑西行的必经道路——河西走廊还处在匈奴的控制之下，于是公开征募能担当出使重任的人才，这才有了张骞第一次出使西域。

然而，当张骞到达月氏时，虽然月氏与匈奴之间也有矛盾，但此时已经定居下来，不愿意再杀伐争斗，阿姆河流域一带"地肥饶，少寇，志安乐，又自以远汉"，月氏已经"殊无报胡（匈奴）之心"了。因此，汉武帝派张骞第一次出使西域的战略目的并未达到。

---

① 国务院新闻办公室：《新疆的历史与发展》（白皮书），国务院新闻办公室网，2003年5月26日。

张骞为什么要第二次出使西域？

实际上，汉武帝第二次派张骞出使西域，是为了联络乌孙攻打匈奴，以斩断匈奴的"右臂"。那么，汉武帝为了攻打匈奴，为什么想到要联络乌孙呢？

张骞第一次出使西域联结月氏并不成功，汉武帝的计划落空，只好另寻联合的目标。在周边国家中，除了月氏与匈奴有矛盾，乌孙与匈奴也有矛盾，而乌孙和匈奴的矛盾却要从乌孙与月氏的矛盾说起。

乌孙和月氏原本共居于祁连、敦煌一带，但在公元前2世纪左右时发生战争，月氏趁匈奴大军征伐东胡的时候进攻乌孙，乌孙国灭，国王被杀，只有他的儿子猎骄靡侥幸逃脱，并被匈奴冒顿单于收养。所以猎骄靡在匈奴长大，并立志终有一天要向月氏报仇，恢复乌孙国。公元前177年左右，猎骄靡跟随匈奴老上单于终于打败了月氏（也就是上面提到的月氏王被割头事件），把月氏人赶到了伊犁河流域。猎骄靡在老上单于的帮助下，在阿尔泰山附近重建乌孙国，实现了儿时的誓言，自然对匈奴单于感激涕零。然而，事物的变化和矛盾的运动永远不以人的意志为转移。经过几十年的发展，乌孙国在猎骄靡的领导下逐渐强大，与匈奴之间的关系也发生了微妙的变化。此时匈奴内部高层变动频繁，特别是在军臣单于死后，猎骄靡"不肯复朝事匈奴"，双方也发生了军事冲突。这自然逃不过汉朝高层的眼睛。对于立志驱逐匈奴的汉武帝来说，不愿意见到匈奴有乌孙这样一个重要帮手。因此当乌孙与匈奴出现裂痕时，汉武帝一定不会放过这个千载难逢的机会。

元狩四年（公元前119年），张骞二度出使西域，最直接的目标就是联合乌孙，共击匈奴。西汉派出了规模宏大的使团出使乌孙。但此时乌孙两边都不想得罪，虚与委蛇，给了张骞作为汉朝使节与匈奴使节同等的待遇，并送给汉朝几十匹骏马作为答谢，还遣使回访汉朝。终汉武帝一朝，除了和亲政策略微拉近了双方的距离，乌孙与汉朝的关系始终未能获得明显突破。因此，从这个意义上说，张骞二次出使西域，欲实现汉武帝"断匈奴右臂"的战略并未实现。

乌孙对匈奴和汉朝的平衡策略维持了相当一段时间，直到汉宣帝时期，公元前72年匈奴进攻乌孙，汉朝派15万大军支援，一起打败了匈奴。至此，汉武帝派张骞二次出使西域的战略意图终于算是实现，只是他本人看不到了。

张骞出使西域，留下了丰厚的遗产。他第一次出使西域时，对广阔的西域进行了实地调查，不仅亲自访问了位处新疆的各小国和中亚的大宛、康居、大月氏和大夏诸国，而且从这些地方又初步了解到乌孙（巴尔喀什湖以南和伊犁河流域）、奄蔡（里海、咸海以北）、安息（即波斯，今伊朗）、条支（又称大食，今伊拉克一带）、身毒（又名天竺，即印度）等国的许多情况。回长安后，张骞将其见闻向汉武帝作了详细报告，对葱岭东西、中亚、西亚，以至安息、身毒诸国的位置、特产、人口、城市、兵力等，都作了说明。这个报告的基本内容在司马迁的《史记·大宛列传》中保存下来。这是有关这些地区最早翔实可靠的记载，至今仍是世界上研究上述地区和国家的古地理和历史的珍贵资料。

事实上，除了大家熟知的两次分别出使月氏和乌孙，张骞还派使到过西南边陲。汉元狩元年（公元前122年），张骞派出四支探索队伍，分别从四川的成都和宜宾出发，向青海南部、西藏东部和云南前进，最后的目的地都是身毒。四路使者各行一二千里，分别受阻于氐、榨（今四川西南一带）和禹、昆明（今云南大理一带）少数民族地区，未能继续前进，先后返回。虽没有取得预期的结果，但张骞派出的使者，已深入到滇国——这里因遇有战事，将士们坐在大象上作战，故又称"乘象国"。在此以前，西南各地的少数民族对汉朝的情况几乎都不了解。难怪汉使者会见滇王时，滇王竟然好奇地问："汉朝同我们滇国比较，是哪一国大呢？"使者到夜郎国时，夜郎侯同样也提出了这个问题。这就是"夜郎自大"典故的由来。汉元鼎六年（公元前111年），汉朝正式设置胖柯、越巂、沈黎、汶山、武都等五郡，以后又置益州、交趾等郡，基本完成了对西南地区的开拓。

张骞出使西域后，西域的动物汗血马，植物如葡萄、石榴、核桃、苜蓿等传入了中原地区；中原地区的铸铁、开渠、凿井等技术，以及丝绸、漆器、金属工具等传往西域甚至更远的地方。

张骞是西汉开辟通往西域道路的第一个使者，两次出使西域，沟通了中国同西亚和欧洲的通商关系，中国的丝和丝织品，从长安往西，经河西走廊、西域，运到安息，再从安息转运到西亚和欧洲的大秦（汉朝时中国史书对罗马帝国的称呼）。

后来，这条由张骞开辟出的玉门关经天山南北路、越过葱岭、到达中亚或者更远地方的通道，横贯东西、融通欧亚，以其连接的文明形态之多、跨越历史时期之长而光耀人类文明的史册。这是一条承载政治、经济、文化交流的和平之路，繁荣了一千七百多年。

1877年，德国历史地理学家里希特霍芬将其命名为"丝绸之路"，因为丝绸是这条商路上最有代表性的商品。

司马迁将张骞出使西域的壮举称之为"凿空"。《史记·大宛列传》载："然张骞凿空，其后使往者皆称博望侯。"何谓凿空？盘古开天辟地即是凿空，由此可见此事在司马迁心中的地位。柏杨认为，张骞的贡献只有一千六百年后哥伦布发现新大陆可以相比。

或许，司马迁和柏杨对张骞的评价，是中国历史对丝绸之路伟大先行者张骞的最高致敬了罢。

传续至今的汗血宝马
资料来源：作者拍摄

再通丝绸之路的班超

东汉出使西域的第一代表人物非班超莫属。班超为史学家班彪的幼子，从小就胸怀大志，不拘小节、博览群书，常拿着《春秋公羊传》阅读。

汉永平五年（公元62年），班超的哥哥班固被召入京任校书郎，班超也一同迁居洛阳。那时班超家里困难，靠替官府抄写文书来维持生计。但相面的人却说："你额头如燕，颈脖如虎，飞翔食肉，这是万里封侯的相貌啊！"果然过了没多久，汉明帝就任命班超为兰台令史，掌管奏章和文书。可见班超年轻时就有文字方面的才华。

西汉末年，王莽夺权，中原局势不稳，匈奴乘机占据西域。至东汉初年，西域18国先后三次向汉光武帝请求内属中原，并表示愿以本国王子作为人质派往汉廷。然而，此时的东汉政权还不太稳定，加之国力有限，平定、统一西域的意愿还不是很强烈，所以并未派兵西征。

公元48年，匈奴分裂为南北二部，南匈奴内附东汉朝廷，西域自此主要由北匈奴控制。北匈奴得到西域的人力、物力后，实力大增，屡次进犯河西诸郡，使得边地人民不堪其苦。

经过数十年的发展壮大，汉军实力大增，至汉明帝初年，明帝决定效仿汉武帝出击北匈奴。永平十六年（公元73年），奉车都尉窦固等人出兵攻打北匈奴，班超离开文职，随军北征，在军中任假司马（代理司马）之职。班超一到军旅中，就显示出与众不同的才能。他率兵进攻伊吾（今新疆哈密西四堡），在蒲类海（今新疆巴里坤湖）屡次与北匈奴交战并获胜，战利品也多于其他部队，被将军窦固与汉明帝认为文武兼备、有勇有谋，于是将他派往西域联合诸国夹击北匈奴。

班超带领部下36人前往西域诸国。他们最先来到位于罗布泊西南的鄯善国（也就是前文提到的楼兰）争取支持，当时北匈奴也在极力争取鄯善王。班超一行刚到鄯善国时，国王对他们非常客气，但几日后突然冷淡下来。班超意识到"必有匈奴使者来"，导致鄯善王改变了态度。他与同伴商议："我等在绝域，欲立大功；而匈奴使者仅来了几天，国王就开始冷淡我们……若将我们送与匈奴，将难于活命"，"不入虎穴，焉得虎子，当今之计，独有趁夜杀掉匈奴使者"，大伙一致同意。当夜，班超带领手下突袭匈奴使者营帐大获全胜。鄯善王得知此事，大惊失色。班超晓以利害，成功说服鄯善王把他的儿子送到汉朝作为人质，表明其归附之心。

班超出色地完成了使命，让汉明帝认定班超是汉朝打通西域关节的将才，于是再一次派班超出使西域。

这次班超到了于阗国（今新疆和田）。当时，于阗王刚刚攻破莎车国（今新疆莎车），在天山南道称雄，北匈奴派使者驻在于阗，对外称护国，实则掌握于阗军政大权。于阗王畏于北匈奴权势，同时因于阗巫风盛行，受到巫师蛊惑，对班超态度冷淡，颇为不敬。班超设计杀死巫师，并按照当年出使鄯善的套路，把巫师首级送还于阗王。于阗王听说过班超在鄯善国诛杀匈奴使者的事，颇为惶恐，当即下令杀死北匈奴使者，重新归附朝廷。

永平十七年（公元74年）春天，班超带领手下从小道向疏勒国（今新疆喀什）进发。班超行至离当时统治疏勒的兜题所居住的盘橐城还有90里的地方，决定擒贼先擒王，派下属田虑招降兜题。班超指示说："兜题并不是疏勒人，疏勒国民一定不会为他尽忠效命，但他如果不肯投降，就将他扣押起来。"田虑只身来见兜题，乘其不备，将其劫持。班超兵不血刃占领了盘橐城，并召集疏勒全部文武官员，宣布另立原来被杀掉的疏勒国君侄儿当国王，赢取了疏勒的民心。新王想报杀父之仇处死兜题，但班超此时体现了作为外交家的胸怀和格局，认为"杀他无益于大事"，并说服国王释放了兜题，以智谋和勇略平定疏勒。

至此，班超先后使鄯善、于阗、疏勒三个王国，并在后来三十年里陆续平定西域50多个国家，打通了汉朝与西域的关节，恢复汉朝与西域断绝六十五年的关系，直到公元102年，班超才从西域返回洛阳。

班超在西域三十年，为巩固汉朝西部疆域、促进民族融合、促进多民族国家的发展作出了卓越贡献。同时，班超出使西域，重新打通了丝绸之路，促进了中国和中西亚各国、各民族的经济文化交流，其规模与影响力不亚于张骞出使西域。

疏勒盘橐城遗址，班超曾在此驻扎十七年（公元74—91年）

资料来源：作者拍摄

　　政治方面，班超联合西域诸国，成功瓦解并驱逐了北匈奴势力，切断了匈奴"右臂"，西域诸国配合汉军主力迫使北匈奴主力西迁中亚，加速了匈奴余部与其他各民族的融合。91年，汉军在金微山（今阿尔泰山）大败北单于，北匈奴主力远走中亚。

　　农业方面，班超出使西域后，西域的胡麻（芝麻）、胡豆（蚕豆、豌豆等）、胡瓜（黄瓜）、胡葱（大葱）、胡萝卜等植物和骆驼、驴、马等优良畜种传入中原，中原的丝绸织品和铁器等工艺品则输往西域。

　　人口方面，班超出使西域后，西域的人口数量大幅度增长。据史料记载，东汉时期，于阗从西汉时的0.33万户1.93万人增至3.2万户8.3万人，焉耆（今新疆焉耆回族自治县）从西汉时的0.4万户3.21万人增至1.5万户5.2万人，疏勒也从0.151万户增至2.1万户。①

――――――――――

　　① 王磊：《班超出使西域，重开丝绸之路》，《中国民族报》2015年5月29日。

文化方面，班超出使西域后，恢复了西域各国与汉朝的联系，汉语、汉文字在西域少数民族中得到进一步传播，许多西域国王还取了汉文名字，如焉耆王广、尉犁王泛等。楼兰等国的官府文书也基本上用汉文书写，各种公文的用语、程式开始参照汉朝的规章。至东汉末年，《战国策》、九九术等汉文典籍也传到了西域诸国。可以说，班超出使西域后，汉族人将自己的语言、文字、思想、生产技术、风俗习惯和生活方式等再次带到了西域，形成了以汉文化为主体的西域文化。

北宋使者王延德

如果说张骞、班超是两汉时期当之无愧的外交家和纵横家，那么王延德则是北宋的张骞与班超。王延德从小就服侍当时还是晋王的赵匡义，976年赵匡义登上皇位，"仙及鸡犬"，提拔王延德为供奉官，掌管皇帝衣食供应。这样一个搞"后勤保障"的官员，怎么会有机会出使西域呢？

这要从前面提到的高昌国说起。我们已经知道，唐太宗时期，汉族政权的麴氏高昌被唐朝兼并，后来又被吐蕃占领了一段时间，9世纪中叶后回鹘人在此建立了回鹘高昌国。及至960年宋太祖赵匡胤建立北宋王朝，回鹘高昌王阿斯兰汗（又称狮子王）显示出对中原王朝的友好，为了加强与宋王朝的联系，于建隆三年（公元962年）曾派出友好使团，携带地方名产、珠宝等向宋王朝进贡。

然而此时的中原，宋朝新立，江山不稳，契丹在北方兴起，高昌也成了辽的属国。回鹘高昌为了生存和发展，一方面与中原保持密切联系，另一方面与日益强大的辽国也同时尽量保持良好的关系。

面对当时的形势，宋王朝的决策者们制定了基本战略，即统一中原及南方，防守北方，对西域则采取羁縻安抚政策。基于多方面的政治考虑，宋太宗赵匡义派遣王延德出使西域，实际上是希望他能担负起争取高昌支持以拒契丹、通丝路的重大使命。

太平兴国六年（公元981年），王延德使团经夏州，过黄河、度沙碛，后经伊州（哈密），到达高昌。途中曾访问过党项、回鹘、鞑靼等许多部族，并诏赐宋王给诸蕃君长的袭衣、缯帛等友好礼品。

使团于次年四月到达高昌，当时高昌狮子王避暑北庭，邀请王延德去北庭。狮子王当时也考虑到辽宋之间的对峙态势，采取两边都不得罪的策略，对王延德的到来给予了高规格的款待。史载，狮子王"烹羊马以俱，膳尤丰洁"。王延德代北宋朝廷赐给狮子王袭衣、金带、缯帛等许多礼物，并一同泛舟游览北庭著名的池湖。

对此，契丹人看在眼里，派人到高昌搞离间活动，而王延德用他的机智及时提醒了狮子王，挫败了契丹人的阴谋诡计，反而进一步巩固了高昌与宋朝之间的友好关系。

太平兴国八年（公元983年）春，王延德等一行完成了出使西域的使命，于次年四月"偕回鹘等族使者百余人回宋"到达京都开封，向宋太宗汇报了出使西域的情况，这让宋太宗大为鼓舞——西域关系和缓的背后，是宋太宗谋划的更大一盘棋，即收复燕云十六州。也正是在这一年十一月，宋太宗决定改元雍熙，准备北征辽国，史称"雍熙北伐"。虽然北伐最后以失败告终，但王延德出使高昌的成功，为宋朝初年最高统治者试图统一中原的努力奠定了重要的外部环境，功莫大焉。

宋雍熙二年（公元985年），王延德以他的亲身经历撰写了《西州行使程记》（又称《王延德使高昌记》）一书，叙述西域之行的旅途见闻和高昌、北庭的风土人情、物产资源、地理环境和人民生产生活情况。这部著作日后也成为中外学者研究宋代西北历史地理的重要文献资料。

三、瓜州兴废

这里要给大家介绍的瓜州，和北宋政治家王安石所写的《泊船瓜洲》的"瓜洲"，可完全不是一回事情。不同于"春风又绿江南岸"，位于河西走廊上的瓜州，却是"戍客望边""归思多苦"。那么，丝绸之路上的瓜州，又经历了怎样的变迁与兴衰？

瓜州，在今甘肃省酒泉市瓜州县，位于甘肃省河西走廊的西端，南望祁连，北枕大漠，东倚雄关，西通新疆，自古以来就是东进西出的交通枢纽，是古丝绸之路要道和新亚欧大陆桥甘肃最西端节点。瓜州历史上最常用的称呼是锁阳城，到唐武德五年（公元622年）才有瓜州一称。

1. 锁阳城的由来

锁阳城究竟是什么城？它建于何代，又是何时、因何废弃？依据有关史料和出土文物可以考知，锁阳城始建于西晋元康五年（公元295年），为当时所设晋昌郡及其治所冥安县的城池。到了唐代，朝廷在锁阳城设置瓜州及其治所晋昌县，及至西夏、元代仍置瓜州。元至元二十八年（公元1291年），朝廷将瓜州居民迁往肃州，锁阳城自此废弃，人去城空，殷富繁华遂成往事。到了明代，锁阳城改称苦峪城，一度重新加以修缮利用，明成化八年（公元1472年）移哈密卫于此。到了明正德（公元1506—1521年）以后，明王朝对嘉峪关外进一步采取了弃置政策，不复经营，致使关外诸城反复被吐鲁番、哈密、蒙古等部族争夺，苦峪城也随之荒废。此后史书上就见不到有关该城的记载了。至于"锁阳城"一名，约是清代后期才在民间叫开，因为这个地方生产味道甜美的锁阳，每当仲春时节，艳丽的锁阳花染得荒原一片彤红。锁阳很早就已经入药，明代李时珍《本草补遗》记："锁阳为肉质寄生植物，状似苁蓉，呈扁圆柱形，色深褐，有鳞片，柔软肥润，断后有粉性。"在《本草衍义》中又记载："锁阳可大补阳气，益精血，兴阳润燥，养筋滑肠。凡阳气虚损、精血衰败者珍为要药。"由于药效奇特，人们认为它能像千斤锁一样锁住病人浑身的阳气，故而名为锁阳。[①]

2. 丝绸路上的变迁

锁阳城从3世纪始建延至16世纪，跨时达一千二百多年，见证了古丝绸之路不同历史时期东西方经济文化交流的重要历程，与古丝绸之路的盛衰相伴生，是丝绸之路发展、繁荣和衰落的生动缩影。

据有关史料和学者考证，东汉永平十七年（公元74年）原设于敦煌西北的玉门关，东移到锁阳城以北略偏东约30公里处的今双塔堡一带，随之伊吾道（由瓜州经玉门关向西北径趋伊吾的道路）得以开通，瓜州作为该道的起点，在丝绸之路交通中的地位更显重要。其东通肃州（今甘肃酒泉）以趋中原，西接沙州（今甘肃敦煌），西北达伊吾以赴西域，向南沿

西北传统的肉干制作技艺延续千年（摄于瓜州县附近）

资料来源：作者拍摄

---

① 范少言等：《丝绸之路沿线城镇的兴衰》，中国建筑工业出版社，2010年版，第246页。

榆林河谷经石包城（唐称雍归镇）又可连通青藏高原，瓜州实处于丝绸之路河西主干道西端座中四联的枢纽之地。

从东汉中期一直延及五代初年，玉门关在瓜州境内设立长达八百余年。该关控扼疏勒河渡口，为汉长城"昆仑塞"之地，每每成为大军向西域进发的集结点和出发地——唐贞观三年（公元629年），唐玄奘亦从这里渡河前往西域。唐代诗人王之涣名句"春风不度玉门关"，所指实际上正是瓜州的这座玉门关。

不仅如此，锁阳城周围一带还是我国丝绸之路沿线十分罕见的各类古城址、遗址密集分布的区域，是集历史人文景观和自然景观为一体的丝绸之路上独特的古文化集中遗存地，汇聚了古城址、古寺院、古墓群、古战场、古渠道、古垦区等遗迹，具有很高的历史、科学和艺术价值。如锁阳城东北3公里许有转台庄子古城（唐代军事城堡），东北4.5公里处有南岔大坑古城（汉敦煌郡冥安县城），周围还有马行井城、半个城等多座古城址。它们如众星拱月一般，围绕锁阳城罗置，与锁阳城组成一个有机的整体。[1]

同时，锁阳城又位处四路汉唐烽燧线（东往酒泉，西去敦煌，西北通哈密，南到石包城）的辐合之地，城外南面数公里的戈壁滩上还分布着8000余座汉唐时期墓葬。城南数十公里范围内，沿榆林河谷和鹰咀山麓，散布着榆林窟、东千佛洞、下洞子、碱泉子和旱峡5处石窟群。[2]

丝绸之路枢纽重镇锁阳城、丝绸之路上最重要的关隘玉门关，以及至今仍然保存的唐代道路、周围密集的古城址古遗址等，共聚一地，这样完整的组合和完美的构建，在迄今整个丝绸之路沿线都是十分鲜见的，由此锁阳城一带也成为万里古丝绸之路上内涵特别丰富、遗存相当完整、颇具代表性的地段之一。

---

[1] 李并成：《瓜州锁阳城：丝路沧桑的历史见证》，《甘肃日报》2014年6月10日。
[2] 李并成：《瓜州锁阳城：丝路沧桑的历史见证》，《甘肃日报》2014年6月10日。

3. 瓜州兴衰的原因

瓜州兴起于西晋，兴盛于唐代。唐朝是一个多民族包容、对外开放的朝代，此时瓜州作为中原和西域交往的重要驿站，发挥着举足轻重的作用，因此繁盛一时。然而在晚唐时期，瓜州已经开始出现不稳定的因素，曾一度被吐蕃占据。后来李义潮率领农民起义军，打败了驻守当地的吐蕃军队，建立了自己所管辖的州郡，在其管理之下，瓜州曾再度繁荣。

大体上，瓜州的衰颓是从元代以后开始（忽必烈于1271年正式定国号为元，二十年后即1291年政府即开始有组织内迁瓜州居民），但它并不是毁于兵燹，而是经历了两百年左右的过程才彻底掩埋于历史。关于瓜州衰败的原因，长期以来一种观点认为是环境的因素。如认为瓜州周围绿洲沙漠化，导致瓜州断绝水源而废弃。那么为什么瓜州出现了沙漠化？一说是清代前期昌马河（疏勒河）流域开发，导致昌马河口原来向西分流流向锁阳城一带的古河道断流，昌马河水转而向东浇灌靖逆卫一带新开的土地，使锁阳城垦区完

玉门关遗迹
资料来源：作者拍摄

全断流干涸，并最终演变成荒漠。[①]

　　但笔者并不以为然。诚然，人为作用导致生态恶化，诸如开发地域的转移及其水流状况的变化使周边绿洲沙漠化，是瓜州衰颓的重要原因，但根本原因还是政治上的。政治上的废弃才最终导致断流后的放弃；如果政治上仍为需要，即使河道断流也可以再次挖掘疏通，这在技术上并非难事。宋朝时，随着政治重心的不断向南，以及丝绸之路逐步由陆路转为海路，瓜州的政治经济功能逐步丧失。而元朝作为少数民族政权进行超大地域统治，从内陆到中亚和西亚广大地区，理论上都是蒙古人的统治范围，瓜州作为中原和西域交往驿站的功能进一步削弱，而到了明朝正德时期，中原政权的内收政策日趋明朗，把嘉峪关作为西部最重要的边隘，而包括瓜州在内的广大嘉峪关以外地区管理则进一步松弛，最终使得瓜州这个延续了上千年的丝路重要"渡口"彻底退出了历史舞台。

---

　　① 范少言等：《丝绸之路沿线城镇的兴衰》，中国建筑工业出版社，2010年版，第247—248页。

四、安西四镇

安西都护府，在历史上赫赫有名。然而，鲜为人知的是，安西都护府并非始终在一个地方。在广阔的西域和丝绸之路上，它还"迁都"过，这是怎么一回事？而今的安西故址，又留存着怎样的历史隐秘？

安西四镇，指唐朝前期在西北地区设置，由安西都护府统辖的四个军镇。唐安西四镇在历史上存在了近两个世纪，它们对于唐朝政府抚慰西突厥，保护中西陆上交通要道，巩固唐朝西北边防，都起过十分重要的作用。那么安西四镇究竟指的是哪四镇？

1. 四镇之谜

在不同的历史时期，安西四镇所辖地方也有所不同。

公元640年，唐朝灭高昌麹氏王朝，在高昌设立西州，并在西州交河（今新疆吐鲁番西交河故城遗址）建立安西都护府。唐太宗时期，贞观二十二年（公元648年），唐军进驻龟兹国以后，便将安西都护府移至龟兹国都城，同时在龟兹、焉耆、于阗、疏勒四城修筑城堡，建置军镇，由安西都护兼统，故简称"安西四镇"。这也是"安西四镇"称呼的开始。

到了唐高宗时期，安西四镇时置时罢，军镇也有所变动。

永徽元年（公元650年），唐高宗根据当时的西域形势，罢四镇，安西都护府也迁回西州。

显庆二年（公元657年），唐政府平定了西突厥阿史那贺鲁的叛乱。次

交河故城城垣
资料来源：作者拍摄

年，安西都护府又迁回龟兹城，四镇随之恢复。

咸亨元年（公元670年）四月，吐蕃攻陷龟兹拨换城（今新疆温宿），四镇再罢。

上元元年（公元674年），安西四镇复归于唐朝。

仪凤三年（公元678年），吐蕃进占安西四镇。

仪凤四年（公元679年），唐军再次击败吐蕃，光复了安西四镇，唐高宗非常高兴，决定改元调露，并大赦天下，因而这一年又称调露元年。但考虑周边政治形势，在碎叶水旁建立碎叶镇，替代之前"四镇"之一的焉耆。

故从此时起，安西四镇指的是碎叶、龟兹、于阗、疏勒。

到了武则天时期，垂拱三年至永昌元年（公元687—689年），吐蕃趁机再次进占安西四镇。天授三年（公元692年），唐军击破吐蕃，收复四镇。在接受安西四镇几度失陷的教训后，唐政府为巩固西疆的边防，遣军2.4万人常驻四镇，从此安西四镇的形势稳定下来。

到了唐玄宗时期，开元七年（公元719年），西突厥占据了碎叶城，于是唐朝又以原先的"四镇"之一焉耆镇代替碎叶镇，故开元七年以后的安西四镇又是龟兹、于阗、焉耆、疏勒。这是安西四镇最后一段稳定时期。

唐贞元六年（公元790年），吐蕃占据北庭和安西四镇之一的于阗。之后几年，吐蕃占据安西其他三镇（目前还没有资料能说明吐蕃开始占据安西其他三镇的确切时间）。后经历与回鹘的激烈争夺，9世纪中叶回鹘相继据有天山南北及安西四镇。唐代著名的安西四镇在经历了近两百年的风雨飘摇之后，逐渐掩埋于历史烟尘之中。

2. 唐究竟何时攻破四镇首府龟兹？

唐朝设置安西四镇究竟始于何时？一般认为，四镇之设，应该是在唐太宗破龟兹以后，以龟兹为安西四镇的首府。[①]但唐破龟兹究竟是哪一年？这一点至今仍然有出入。

《新唐书》和《唐会要》都认为，唐太宗平龟兹似乎应该是贞观二十年（公元646年）的事。[②]《旧唐书》里的《龟兹传》也是类似的记载。[③]然而《旧唐书》关于唐太宗的传记里记载，唐廷任命阿史那社尔等率军讨伐龟兹的时间是在贞观二十一年（公元647年）末，那么唐朝设立安西四镇不会早于

---

① 参见李必忠：《安西四镇考辨》，载《唐史研究会论文集》，1980年10月。

② 《新唐书·地理志七下》四镇都督府条内"龟兹都督府"下记载："贞观二十年平龟兹置。"《新唐书·地理志》，中华书局1975年版。《唐会要》卷73安西都护府条内"龟兹"下记载："贞观二十年闰十月一日，阿史那社尔破其国，虏其王以归。"《唐会要》，中华书局，1955年版。

③ 《旧唐书·龟兹传》记载："（贞观）二十年，太宗遣左骁卫大将军阿史那社尔为昆山道行军大总管，与安西都护郭孝恪、司农卿杨弘礼率五将军，又发铁勒十三部兵十余万骑，以伐龟兹。……社尔因立其王之弟叶护为王，勒石纪功而旋。"见《旧唐书·龟兹传》，中华书局，1975年版。

贞观二十一年。①这个时间也得到了《资治通鉴》的确认。②甚至《新唐书》关于大将阿史那社尔的传记中也是这样记载的。③但仔细阅读发现，史书上只是记载了贞观二十一年出兵讨伐龟兹，并没有说是同年攻破了龟兹。

可以说，唐军进攻龟兹的出兵时间不早于贞观二十一年（公元647年）十二月，而唐军平定龟兹的时间，从《旧唐书》记载上看，则应是在贞观二十二年（公元648年）的闰十二月。④

3. 四镇的遗迹

龟兹故城位于新疆库车县城西约2公里的皮朗村。故城周长近8000米，北墙2000米、南墙1806米、东墙1646米、西墙约2200米。除东、南、北三面城墙尚可辨认外，西墙已荡然无存。全城成不规则正方形，城墙高2—7米，为夯土筑成，每隔40米左右有城垛一个。1985年，中国著名考古学家黄文弼曾在龟兹故城进行过发掘工作，出土文物有石器、骨器、彩陶片、铜件、汉五铢钱、龟兹小钱、开元通宝等。⑤

碎叶城是唐朝在西域设的重镇，是中国历代王朝在西部地区设防最远的一座边陲城市，是丝绸之路上一重要城镇，也是著名诗人李白的出生地。碎叶城成为唐朝在西域地区重要的政治军事中心，缘于其自然条件优越宜于农

---

① 《旧唐书·太宗本纪》记载："（贞观）二十一年，十二月戊寅左晓卫大将军阿史那社尔、右晓卫大将军契苾何力、安西都护郭孝恪、司农卿杨弘礼为瑶山道行军大总管，以伐龟兹。"《旧唐书·太宗本纪》，中华书局，1975年版。

② 《资治通鉴》贞观二十一年十二月条记载："龟兹王伐叠卒，弟诃黎布失毕立，浸失臣礼，侵渔邻国。上怒。戊寅，诏使持节昆丘道行军大总管左骁卫大将军阿史那社尔、副大总管左骁卫大将军契苾何力、安西都护郭孝恪等将兵击之。仍命铁勒十三州、突厥、吐蕃、吐谷浑连兵进讨。"《资治通鉴》卷198，中华书局，1997年版。

③ 《旧唐书·龟兹传》，中华书局，1975年版。

④ 《新唐书·阿史那社尔传》记载："（贞观）二十一年，以昆丘道行军大总管与契苾何力、郭孝恪、杨弘礼、李海岸等五将军发铁勒十三部及突厥骑十万讨龟兹。"《新唐书·阿史那社尔传》，中华书局，1975年版。

⑤ 《失落的古国——龟兹》，中广网，2009年7月4日。

龟兹故城的残垣断壁

资料来源：作者拍摄

牧，唐调露元年（公元679年）与龟兹、疏勒、于阗并称安西四镇。

至于于阗、疏勒二镇的遗迹，留存至今者寥寥无几，现通过考古发掘出的古代遗存，如佛寺、佛像、佛塔等，也不一定是安西四镇之时的遗迹，只能作为凭古吊今的参照物而已。

4. 安西四镇与丝绸之路

唐朝建立之初，统治集团内部围绕着对陇右军权的争夺以及吐蕃、突厥政局的变化，安西四镇曾经差点与现身历史舞台擦肩而过。在唐贞观年间，包括魏徵这样的名臣，更多是出于政治经济角度的考虑，反对出兵安西四镇的。

从政治上说，大唐初立，应休养生息，而安西四镇地处偏远，在那里驻军则需要数万将士及数倍配套的人员。对农耕民族来说，干旱的西域并不适合农作物的大量种植。绿洲之地种植面积有限，安西四镇在物资上无法做到自给自足。这就需要从中原运输大量的物资以维持这个机构的运转。唐朝的马匹、人力资源有限，长途运输的成本及消耗在当时靡费颇多。重建安西四镇需要花费大量的资金，对贞观时期的大唐来说负担很重，而且占据安西四镇虽然能对西域有控制作用，但是也会造成与突厥、吐蕃等势力的摩擦。

从经济上说，安西四镇的作用是保持丝绸之路畅通，为中原带来贸易利益。但是汉以后丝绸之路一度中断，而且因为西域各国及沿途的波斯、丝绸之路终点罗马（大秦）政权更迭，中原地区也是混战不止，安西四镇也因此失去经济价值而被废弃以节缩军费。重建安西四镇值得与否取决于丝绸之路是否能带来收益。唐朝以来，中原统一，随着经济的逐渐繁荣，在唐太宗的坚持下，突厥被击败，丝绸之路再次被打通，安西四镇重建。而东突厥、吐蕃势力不甘心这个区域被唐占据，展开反扑，这一地带呈拉锯战形势，使丝绸之路能带来的经济利益大打折扣。

到了武则天掌权时期，唐的经济经历了长期的修养，逐渐繁荣，相应的人力、运输能力增强，借击败吐蕃之机，重新收复四镇，并派军驻守；而同时期，丝绸之路的另一端东罗马帝国、波斯保持了相对的稳定，令这条商路有条件再度迎来新的春天，巨大的经济利益使安西四镇重建成为可能。

郑吉、仓慈、裴矩：定域安邦治疆才

古语云：文能治国，武能安邦。当武将和外交使节们通过战场厮杀与纵横捭阖克复西域之后，接下来更为重要的事情，是治理西域。然而这方面的历史，往往被我们忽略了——我们更关注如何收复西域、重启丝绸之路，却没有意识到西域的治理和经营才是丝绸之路长久兴盛的关键。本章人物记将围绕三位治理西域的历史名臣展开。

西域都护第一人——郑吉

郑吉自幼尚武，靠着自己的不懈努力，从士兵累功逐步升为将军。此后，他的活动主要在西域，历任侍郎、卫司马、校尉和骑都尉，并最终成为第一任领护西域各国的都护。

汉元光二年（公元前133年），汉武帝开始发动反击匈奴的战争。西域与中原地区相隔遥远，以粮食为主的战争物资供应便成为汉朝经营西域需要首先解决的重要问题。这

第一任西域都护郑吉

资料来源：作者拍摄

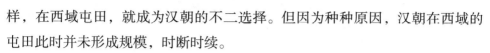

样，在西域屯田，就成为汉朝的不二选择。但因为种种原因，汉朝在西域的屯田此时并未形成规模，时断时续。

在这个背景下，汉地节二年（公元前68年），郑吉以侍郎身份被派往西域，与担任校尉的司马憙等，率领免刑罪犯，前往渠犁屯田，拉开了此后十数年纵横西域的序幕。郑吉在西域屯田期间，主要干了两件大事。

郑吉干的第一件大事是攻占车师国。事实上，郑吉受汉朝派往渠犁屯田的最主要目的，就是要积蓄粮食，与匈奴争夺车师国。

车师国的前身即姑师，早年投靠了在西域占主导力量优势的匈奴，并在匈奴的帮助下建立车师国。车师地理位置十分重要，南控吐鲁番盆地，北连吉木萨尔，控制着天山以北地区，是西域历代兵家必争之地。汉帝国日渐崛起，自然不愿意这样一块"肥肉"长久地被匈奴人控制。就在渠犁屯田的当年秋天，郑吉带领西域城郭诸国军队1万余人，以及汉朝屯田士卒1500人，共击车师，攻破交河城，后来车师王乌贵投降了汉朝，郑吉一战成名。

打下车师后，汉朝晋升郑吉为卫司马，郑吉返回大本营渠犁继续屯田。匈奴人早已意识到车师的重要性，于是利用汉朝军队劳师远征、对本地民情不熟，派兵攻打车师，妄图一雪前耻。面对这种局面，郑吉果断将在渠犁屯田的1500名士兵全部调到车师。但即便如此，汉军也势单力孤，被匈奴兵围困在车师城中。在危难关头，郑吉和他带领的汉朝兵士没有畏缩，更没有因为被包围而消沉，反而积极应对，等待救援。汉元康三年（公元前63年）前后，长罗侯常惠率骑兵开往车师北边千余里，策应解围，与郑吉里外夹击，终于击溃了匈奴骑兵对车师的包围，打了一场漂亮的反包围战，使车师始终保存在汉朝手中。

战后，汉朝中央政府考虑到车师位置，一旦被匈奴进攻，确实难守易攻，便有了放弃车师的打算，将车师百姓统一迁往渠犁，正式在渠犁设置三校尉屯田，仍以郑吉总领。这在某种程度上也是汉朝中央政府对郑吉西域多年征战的一种政治奖赏。

郑吉干的第二件大事是收降匈奴日逐王。公元前60年，匈奴老上单于死亡。位于匈奴西部、本应继承汗位的日逐王先贤掸为新单于所迫，毅然率属部归属汉朝，并派人与郑吉联系。郑吉当即发动渠犁、龟兹等国的5万人前往迎接，日逐王先贤掸率部下1.2万人、大小头目12人正式降汉。

公元前59年初，郑吉和日逐王先贤掸到达长安。随后郑吉受封为安远侯。郑吉封侯后，选择西域中心、土地肥沃的地方设立西域都护的幕府，治乌垒城（今新疆轮台县东策大雅）。从此，汉朝的号令畅通于整个西域。自日逐王降汉，整个西域全部纳入西汉王朝的版图，这是西域历史上的一件大事。

郑吉攻破车师、收降日逐王，威名震动西域，于是一并领护车师以西的北道，因此号称都护。都护的设置，是从郑吉开始的。作为西域第一任都护，郑吉为汉朝中央政府在西域的稳定治理立下了汗马功劳。正如《汉书》对郑吉的评价："汉之号令班西域矣，始自张骞而成于郑吉。"

仓慈治理河西

三国时期魏、蜀、吴争斗，谁都顾不上西北边郡，敦煌二十年未设太守，"丧乱隔绝，旷无太守二十岁，大姓雄张，遂以为俗"[①]。没有政令的约束，敦煌成了豪强恶霸横行的地方，途经此地的敦煌客商常受百般刁难和掠夺，不得不退避三舍，一度繁荣的丝绸之路顿时冷清下来。曹魏统一北方后，在敦煌重新设立太守，以实现定敦煌以通西域的战略构想。这个时候，仓慈登上了历史舞台。

仓慈最初是淮南当地郡县一小吏。东汉建安年间，曹操在淮南一带募民屯田，任用仓慈为绥集都尉。魏黄初七年（公元226年），仓慈担任了长安（今陕西西安西北郊）县令，由于施政清简有方，受到了黎民百姓的爱戴。仓慈这时已显露了自己的治世才能。

魏太和四年（公元230年），仓慈升迁为敦煌郡太守，到任时百废待兴。他毅然革除积弊，保护丝绸之路，发展商贸，为敦煌经济的发展作出了卓越贡献。

---

① 《三国志·魏书·仓慈传》卷16，中华书局，1982年版。

首先，仓慈针对当地"大姓雄张"的状况，果断"抑制权右，抚恤贫赢"，对豪强大族给予限制，对贫苦赢弱百姓济以抚恤。

其次，当时土地兼并十分严重，"旧大族田地有余，而小民无立锥之地"，大族霸占了很多土地却轻徭薄赋，穷人无立锥之地还要负担重额赋税。为了改变这一状况，仓慈采用了"随口割赋"的办法，免除了无地百姓的赋税，把税额加到了大族名下，减轻了贫民的负担。

再次，过去豪强大族恣意欺压百姓，常常借故将一些无辜百姓绑送县衙治罪。自仓慈到任后，仓慈不畏豪强，秉公执法，于是各县官吏再不敢贪赃枉法了，政治更加清明。

最后，仓慈还实行保护和鼓励少数民族贸易的政策，积极发展商业。为了保证西域与内地的贸易往来，仓慈采取许多保护胡商的措施。比如凡是途经敦煌到洛阳进献的西域人，一律发给过往证明，并派兵吏护送；凡是来敦煌进行贸易的，他都用官府现有的物品与他们公平交易，然后护送其安全出境。这样一来，敦煌的社会风气为之一改，"由是民夷翕然称其德惠"。不论本地居民还是外来胡人都能和平相处，秩序井然，人人尽称仓慈的善政。

几年之后，仓慈在敦煌郡太守任上去世。当地百姓十分悲痛，家家绘制仓慈的肖像，瞻仰思念。而当西域各族人民听到仓慈去世的消息后，纷纷汇聚到戊己校尉（治所在西域高昌，今新疆吐鲁番东40余里哈拉和卓堡西南）及长吏治所进行哀悼，甚至用佩刀划破脸面，来表达悲伤之情——这是西域胡人哀慕贤良的一种风俗。有的还修起了祠堂，遥祀仓慈之灵。可见仓慈造福一方，深得人心。

裴矩经营西域

裴矩是北朝和隋、唐时期著名的政治家，出身仕宦家族，祖父做过荆州刺史，父亲在北齐的时候做过太子舍人，相当于现在中央部委的官员。但裴矩并不是一生下来就含着"金钥匙"，因为他生下不久父母就病逝了，成了孤儿。好在裴矩的伯父裴让之收养了他——裴让之也不是等闲之辈，在北齐的时候做了中书侍郎，让裴矩从小有一个相对安稳的学习环境。裴矩也没有辱没和辜负家族的盛名，自幼便刻苦好学，加上他本人也很聪明，年轻的时候就在北朝的上层官僚子弟中小有名气。

裴矩虽然努力好学，但毕竟自幼失怙失恃，人生要有大发展也需要遇到贵人相助。裴矩的人生转折发生在北周朝的时候，他得到了杨坚——也就是后来的隋朝开国皇帝隋文帝的赏识。不过此时杨坚的雄才大略也还没来得及施展，裴矩也只是杨坚身边的跟班而已。

如果杨坚后来没有做皇帝，也许裴矩也就和历史上很多有才华而不受重用的文人一样，很快湮没于滚滚历史红尘中了。然而，杨坚偏偏有天子之福，后来灭掉北周做了皇帝，裴矩从元帅府记室的官开始做，凭借他的文才，写了一篇赞颂隋朝统一中国的《隋开业平陈记》，赢得了隋文帝的欢心，很快升任内史侍郎、吏部侍郎、尚书右仆射等官职。

隋朝是魏晋之后数百年再次统一华夏的帝国，裴矩跟随隋文帝，属于"创一代"，因而定礼仪和规矩是当朝一项重要的工作。隋文帝独孤皇后去世，皇后去世时没有相关礼仪，裴矩和其他大臣依据《齐礼》制定相关礼仪，为隋朝礼仪的发展奠定了基础。

而真正使裴矩留名青史的工作，要等到隋炀帝即位后才到来。当时隋帝国的四面都有民族政权，如南方有夷、蛮；西方有吐谷浑、党项、西突厥、铁勒、西域诸国；北方有突厥、铁勒；东方有高丽、奚、契丹等。这些少数民族或建立自己的政权，或与汉民族杂处，威胁着国家政权的稳定。特别是西北部的少数民族强大凶悍，对帝国政权构成威胁。隋炀帝即位之初，国家富庶，打算选派一个合适的人选代表中央政府经营西域。经多方面权衡，他最后选中了裴矩。后来裴矩全面参与了隋王朝处理周边民族关系的工作。

为经营西域，裴矩利用监管关市职务的便利条件，检阅书籍，接触采访外国商人和使臣，了解西域各国的山川险易，风俗民情，撰成《西域图记》3卷，记载了西域44国的情况及中国西北的对外交通道路，并附图描绘地理形势、人物服饰。在对西域人情地理民俗进行了充分考察后，裴矩提出了经营

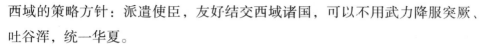

西域的策略方针：派遣使臣，友好结交西域诸国，可以不用武力降服突厥、吐谷浑，统一华夏。

炀帝赞赏裴矩的建议，于是便第二次派他到张掖主持互市，也就是和西域诸国互通商贸友好往来，双方给予"最惠国待遇"。为了达到这一战略方针，裴矩主要分三步来实施。

第一步是"远交近攻"，游说铁勒，出兵攻打吐谷浑。最后吐谷浑大败，大举南迁，其原有领土东西四千里、南北二千里皆被隋朝占领。

第二步是运用怀柔策略，经常请突厥贵族子女到隋朝免费游玩，让部落首领在中原长期居住，结交突厥权臣，缓和双方的关系。

第三步是加强与各国的友好贸易往来。裴矩到张掖后，对诸国使臣和商人厚礼相待，招引了西域十多个国家的使臣和商人到中原贸易。

在这样的基础上，裴矩为了迎合隋炀帝的心理，组织了两场规模浩大的集会。

一场是隋大业五年（公元609年），隋炀帝打算西巡河右，裴矩为了营造万邦来朝的盛大场面，遣使游说高昌王等人，许以厚利，让他们派使者入朝。当年三月隋炀帝到达燕支山时，高昌王等人与西域27国国主亲自相迎，并佩金玉、披锦缎，焚香奏乐，歌舞喧哗，武威、张掖等郡百姓也都穿着盛装出迎，以至于车马堵塞，绵延十余里。隋炀帝非常满意，认为这是天下归一的征兆，体现了中原王朝的强大与西域诸国的臣服，对裴矩大加赞赏，随之晋升裴矩为银青光禄大夫，裴矩的荣光达到了顶点。

另一场是隋大业六年（公元610年），隋炀帝到达东都洛阳，裴矩以"蛮夷朝贡者多"为由，建议隋炀帝召集四方艺人，在洛阳端门街陈列百戏，让官员、百姓盛装华服，任意观看。三市店肆还设置帷帐，大摆酒席，对蕃民盛情款待。蕃民嗟叹不已，都称中原是神仙之地。当隋炀帝在观风行殿设宴款待高昌王等西域邦国的首领时，或许真有一种不枉此生的感叹吧！隋炀帝十分高兴，让裴矩修筑伊吾城。这或许是这次大集会给当地百姓带来的为数不多的实实在在的好处。

如果单从维护国家一统的角度看，裴矩对维系中央政权对西域的有效管理，绝对是功不可没。唐初宰相魏徵对此的评价可谓中肯．"承望风旨，与时消息，使高昌入朝，伊吾献地，聚粮且末，师出玉门，关右骚然，颇亦矩之由也"[1]。然而，也有一种观点认为，裴矩为了自己的禄位，博取隋炀帝的欢心，大搞排场，劳民伤财，"乐了皇帝，却苦了百姓"，也给隋朝的迅速崩溃埋下了伏笔。

历史究竟如何评价，想必后来者自有公论罢。

微信扫码

加入【本书话题交流群】，
与书友交流读书心得。

① 《隋书·列传第三十二》卷67，中华书局，1997年版。

五、突厥、吐蕃的兴起

突厥是6世纪中叶兴起于阿尔泰山地区的一个游牧部落[1]，而吐蕃是我国西藏历史上第一个有明确史料记载的政权[2]。突厥的兴起、分裂与消亡，以及吐蕃的发展，和中原的中央政权有着怎样的密切关系？又是如何受到中央政权的重要影响？

突厥是继匈奴、鲜卑、柔然之后，创造我国北方草原历史文化的又一个主要民族。突厥又被称为"狼的后裔"，因为突厥首领的旗纛上绣有金狼头，据推测突厥人以狼作为图腾，甚至他们自认为突厥祖先就是狼。[3]突厥人最初活动于今叶尼塞河上游，与契骨（即今柯尔克孜族祖先）是近族，后迁到了高昌北山，5世纪初迁到金山以南。自此之后，"突厥"这个称呼才逐步登上了历史舞台。

1. 突厥的兴起与分裂

阿史那土门可汗是突厥兴起的最重要人物，是突厥汗国的建立者——"土门"在突厥语中的意思就是"万人长"，即部族的领袖（阿史那是突厥

---

[1] 国务院新闻办公室：《新疆的若干历史问题》（白皮书），人民出版社，2019年版，第8页。

[2] 国务院新闻办公室：《西藏发展道路的历史选择》（白皮书），国务院新闻办公室网，2015年4月15日。

[3] 陈凌：《草原狼纛——突厥汗国的历史与文化》，商务印书馆，2015年版，第4页。

统治者的姓氏）。土门可汗和他的儿子带领突厥崛起大体上通过五件事。

第一件事是打败了铁勒人。西魏大统十六年（公元550年），突厥首领阿史那土门率领部众，打败和合并了铁勒各部五万余帐，这是突厥开始发展壮大的起点，为日后两百余年在中国北方和西域广大的草原统治奠定了基础。

第二件事是打败了强大的柔然人。柔然是公元4世纪末5世纪初兴起于中国北方草原上的一个强大游牧民族，当时不仅统治着蒙古草原，也对中原王朝的安定构成强大威胁。突厥要进一步发展，成为草原的统治者，就必须迈过柔然人这道坎。公元552年，突厥打败柔然，柔然可汗兵败自杀，柔然残部也分裂成三个部落，[①]但突厥人并没有就此住手，最终把柔然部落全部剿灭。当年，阿史那土门称伊利可汗，正式建立起幅员广阔的突厥汗国，势力迅速扩展至整个蒙古高原。突厥汗国建立以后，人数比较少的突厥人融合了大量铁勒人，突厥人的体貌特征也从白种人变成黄白混种。然而土门可汗建立突厥汗国的第二年就病死了，他的儿子科罗继位，被称为乙息记可汗，结果不到一年也死了。乙息记可汗的弟弟木杆可汗继位。[②]

第三件事是打败了高昌。公元555年，在木杆可汗所领导的突厥汗国的强大政治压力下，高昌国终于臣服突厥，突厥的势力延伸到西域。

第四件事是打败了吐谷浑及其以西的诸国。公元556年，木杆可汗从凉州袭击吐谷浑，[③]大破吐谷浑。此后，突厥的扩张并没有停止，继续征战西域，乃至联合波斯灭白匈奴，今天新疆以及中亚河中地区成为突厥汗国的疆土。突厥强盛时期疆土东到大兴安岭、辽河流域，西到咸海和中亚河中地区。

第五件事是采取平衡策略与中原王朝周旋。突厥崛起的时候，正是南北朝时期，当时中原北方西魏（后被北周取代）与东魏（后被北齐取代）政权并立，突厥与两边虚与委蛇，时而与北周联盟，共同压制比较强大的北齐，时而处在中立位置，大玩平衡之术，为自己的发展赢得较好的外部环境。

---

① 陈凌：《草原狼纛——突厥汗国的历史与文化》，商务印书馆，2015年版，第13页。

② 陈凌：《草原狼纛——突厥汗国的历史与文化》，商务印书馆，2015年版，第15页。

③ 陈凌：《草原狼纛——突厥汗国的历史与文化》，商务印书馆，2015年版，第19页。

公元581年，突厥佗钵可汗病死，引发了突厥上层统治集团激烈的内部权力斗争，这成为突厥分裂的直接导火索。突厥分裂为东突厥和西突厥。在隋北境沙钵略可汗控制着突厥东部的广大领土，被称为东突厥；在隋西北境的达头可汗控制着突厥西部的广大领域，被称为西突厥，实际情况则更加复杂。这要从突厥分裂的原因说起。

病死的这位佗钵可汗，就是前面提到打败高昌国和大破吐谷浑的木杆可汗的弟弟。早年突厥的继承制度以父死子继为主，但因突厥汗国的建立者土门可汗的儿子乙息记可汗在位时间太短，因此传给了弟弟木杆可汗，后又传给弟弟佗钵可汗，似乎默认了兄终弟及的继承制度。

在土门可汗的三个儿子可汗中，木杆可汗在位时间最长，也因征服高昌和吐谷浑而功劳最大，当时他完全可以将汗位传给自己的儿子大逻便，但他却遵从前例传给自己的弟弟佗钵可汗。对此，佗钵可汗对木杆可汗始终心存感激，临死时便将木杆可汗的儿子大逻便立为接班人。这样一来矛盾就产生了，反对者主要有两个方面的势力。

第一方面的反对势力是乙息记可汗的长子摄图，原因很简单，要么继续按照兄终弟及传给同辈的弟弟，要么传给下一代。如果要传给下一代，那么也应当是乙息记可汗的子辈在先，怎么跳过乙息记可汗的子辈而传给他的接班人木杆可汗的子辈呢？

第二方面的反对势力是佗钵可汗的儿子菴罗，原因也很简单，突厥自古都是父死子继，前面两位之所以打破惯例，是因为突厥发展的特殊时期，现在部族安定，应当恢复祖制。

于是这两方面反对势力结合起来，尤其是乙息记可汗儿子摄图由于在同辈中年纪最长、资历最深，统领整个突厥汗国东部的部落，势力很大，他就以木杆可汗儿子大逻便的母亲出身卑贱，而佗钵可汗儿子菴罗母亲出身高贵为理由，把菴罗推上了突厥汗位。大逻便很不服气，史载"大逻便不得立，心不服菴罗，每遣人辱骂之"，但鉴于两方面反对势力强大也无能为力。

其实摄图之所以力推菴罗，并不是真的为了成人之美，他知道菴罗年纪小，未必能服众，自己可以从中渔利。果不其然，成为突厥可汗的菴罗，不能制约大逻便，便将汗位让给了摄图。摄图继汗位，是为沙钵略可汗。作为回报，沙钵略可汗摄图以菴罗为第二可汗，驻牧于独洛水流域（今蒙古国土拉河）。

大逻便由此对沙钵略可汗摄图更加不满，公开就沙钵略大可汗位置的合法性提出挑战。沙钵略可汗考虑到突厥上层统治集团内部的平衡和其他因素，也把大逻便封为阿波可汗，领导他自己的旧部。

突厥汗国早期可汗世系表

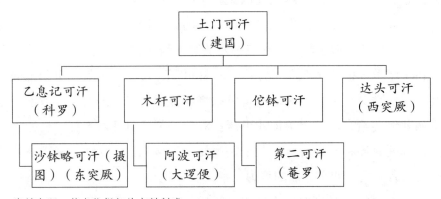

资料来源：笔者依据相关史料制成

这场争夺大可汗位置的斗争，最终以沙钵略可汗摄图的胜利而告结束，但"国无二主"，突厥汗国因分封了多位可汗，内部大小可汗之间的矛盾则愈演愈烈。此时，沙钵略可汗为了制衡第二可汗和阿波可汗，把他的叔叔玷厥封为达头可汗，因其统领着突厥汗国的西部大片领土，成为西突厥的实际统治者；再加上贪汗山的贪汗可汗，突厥实际出现了"五汗并立"的局面，[①]沙钵略可汗自己实际控制区域主要是突厥东部领土，也就是东突厥。突厥内部高层统治者之间的信任已不复存在，突厥大可汗对小可汗的控制能力也随着大小可汗间矛盾的深化而大大降低了。此后，突厥也逐渐走向衰落，再也不复昔日一统西域和漠北草原的荣光了。

---

① 陈凌：《草原狼纛——突厥汗国的历史与文化》，商务印书馆，2015年版，第26页。

2. 突厥与丝绸之路

突厥长居北方草原，与丝绸之路交集很多，主要体现在以下几个方面：

第一，突厥汗国在南北朝就参与了丝绸之路贸易。《北周书·突厥传》记载，立国之初，突厥即十分重视与内地的贸易，"其后曰土门，部落稍盛，始至塞上市缯絮，愿通中国（指内地）"。"（西魏）大统十一年（公元545年）太祖遣酒泉胡诺槃陀使马，其国皆相庆曰：今大国使至，我国将兴也。"

特别是在突厥击败了强大的柔然后，北齐、北周畏于突厥强大的军事力量，都争相结好突厥。北周"既与和亲，岁给缯絮锦彩十万段"，而"齐人惧其寇掠，亦倾府藏以给之"。[①]

到隋建国后，突厥与中原内地的绢马贸易已经常态化、合法化：

> 明年（隋开皇八年，公元588年），突厥部落大人相率遣使贡马万匹，羊二万口，驼、牛各五百头。寻遣请缘边置市，与中国贸易，诏许之。[②]

史书也经常记载突厥与隋的贡赐往来：

> 大业三年（公元607年），炀帝幸榆林，启民及义城公主来朝行宫，前后献马三千匹，帝大悦，赐帛万三千段。[③]
>
> 帝法驾御千人大帐，享启民及其部落酋长三千五百人，赐物二十万段，其下各有差。[④]

[①] 《周书·异域传》，中华书局，1971年版。

[②] 《北史·突厥传》，中华书局，2003年版。

[③] 《北史·突厥传》，中华书局，2003年版。

[④] 《隋书·北狄传》，中华书局，1997年版。

《北史·突厥传》记载："突厥前后遣使入朝，三百七十辈。"像这样的贡赐，到突利可汗时已经进行过370次。①

突厥还通过和亲之盟，从隋得到大量丝帛：

> 处罗从征高丽，赐号为曷萨那可汗，赏赐甚厚。十年正月，以信义公主嫁焉，赐锦彩袍千具，彩万匹。②

突厥与唐也有正式的互市关系：

> 自是比年遣大臣入朝，吐蕃以书约与连和钞边，默棘连不敢从，封上其书，天子嘉之，引使者梅录啜宴紫宸殿，诏朔方西受降城许互市，岁赐帛数十万。③

突厥又通过和亲之盟和贡赐获得大量的丝帛：

> 长安三年（公元703年），遣使者莫贺达干请进女皇太子……默啜更遣大酋移力贪汗献马千匹，谢许婚，后渥礼其使。
>
> 毗伽可汗妻骨咄禄婆匐可敦率众自归……封可敦为宾国夫人，岁给粉直二十万。④

第二，突厥分裂后，西突厥抵御了大食帝国向葱岭以西、中亚地区的扩张，在相当长的时间内成为丝绸之路贸易的屏障，避免了唐帝国中央政权与大食的直接战争。

正当唐朝、突厥、波斯、东罗马、嚈哒诸大国在亚欧大陆腹地争战不休

---

① 《北史·突厥传》，中华书局，2003年版。
② 《隋书·北狄传》，中华书局，1997年版。
③ 《新唐书·突厥传》，中华书局，1975年版。
④ 《新唐书·突厥传》，中华书局，1975年版。

时，阿拉伯人在西亚悄然兴起。尤其当波斯与东罗马帝国因长达数十年的战争而削弱了双方的势力之后，大食帝国便乘机在这一地区迅速扩张。唐贞观十年（公元636年），大食帝国打败了东罗马帝国，夺取了其东方领土叙利亚，不久又兼并了波斯萨珊王朝。从8世纪初开始，葱岭以西逐渐成为大食的领土。

从两唐书（《旧唐书》《新唐书》）及《册府元龟》等中国史籍的记载看，当时唐朝实无力阻止大食的东侵，对各国的求援也无能为力，当时西突厥在名义上已归附唐朝中央政权，并且有力量与大食抗衡、激战。

《册府元龟》载有大食东侵时康国、安国、吐火罗、俱蜜等国向唐朝求援的表文，表文均将救援的希望寄托在西突厥的一个名为"突骑施"的部落上。[①]突骑施部落首领苏禄往往协同中亚各国打击大食，有了西突厥的坚强屏障，唐朝才有了近百年的时间经营丝绸之路，确保了葱岭内外贸易之路依然畅通。然而，后来唐与突骑施交恶，没有了西突厥这道屏障，唐朝中央政权向西应对阿拉伯人的努力遇到了困难，中原王朝维护江山一统的局面遭遇巨大挑战，"唯有大食，莫逾突厥"的格局逐渐被打破。唐天宝十年（公元751年）七月，高仙芝率唐军与大食在中亚怛罗斯发生激战，唐军狼狈败走，大食遂控制葱岭以西丝绸之路。可见，突厥为丝绸之路的发展作出了贡献，并为抵御阿拉伯人入侵中华领土作出了贡献。

此外，从历史发展的基本趋势看，中原政权在突厥发展以及最后没落的过程中起了重要作用。

630年，唐朝发兵击败东突厥汗国。

657年，唐朝联合回纥灭西突厥汗国，中央政权完全统一西域。

682年，安置在北方的东突厥部众反叛唐朝，一度建立了后突厥汗国政权。

744年，唐朝与漠北回纥、葛逻禄等联手平定了后突厥汗国。回纥首

---

① 《册府元龟》，凤凰出版社，2006年版。

领骨力裴罗因功被册封为怀仁可汗，在漠北建立回纥汗国。[1]

突厥作为古代的一个游牧民族，也随着汗国的消亡于8世纪中后期解体，并在西迁中亚、西亚过程中与当地部族融合，形成多个新的民族，新的民族与古突厥民族有本质区别。从此，突厥在我国北方退出历史舞台。[2]

3. 吐蕃的崛起

7世纪在西藏发展起来的吐蕃政权，是由吐蕃人联合居住在青藏高原及周边地区的各个民族、部落共同组成的多民族政权，是中国历史上的一个地方政权，也是西藏历史上第一个有明确史料记载的政权，松赞干布被认为是实际立国者，为开发中国西南边疆作出了重要贡献。[3]

吐蕃一词本身的溯源，实际上是比较困难的。因为在松赞干布创制藏文之前，并没有明确的历史记载。因此按照藏族历史的传统，松赞干布已是第33任吐蕃国王，但他即位之前的吐蕃历史，只能通过零星典籍涉及拼接出大致

雍布拉康，西藏历史上第一座宫殿，后来成为松赞干布和文成公主在山南的夏宫

资料来源：作者拍摄

---

① 国务院新闻办公室：《新疆的若干历史问题》（白皮书），人民出版社，2019年版，第8页。

② 国务院新闻办公室：《新疆的若干历史问题》（白皮书），人民出版社，2019年版，第8页。

③ 国务院新闻办公室：《西藏发展道路的历史选择》（白皮书），国务院新闻办公室网，2015年4月15日。

情形。"吐蕃"出现于正式的历史文献，应当始于唐朝。《新唐书》就有专门的《吐蕃传》，而目前官史也持这一看法，在中央关于西藏历史的白皮书中，首次提及"吐蕃"即在唐朝。[①] "蕃"应当是藏语的音译，自从被称为"悉勃野"的部落统一青藏高原后，蕃（bod）成为其民族或统治地区的总称，唐代汉文译为"蕃"或"吐蕃"，而之前此地区多被中原历史文献称为"西羌"。[②]

吐蕃政权灭亡以后，"吐蕃"的称谓并未就此消亡，而是延续下来，到元朝之前，居住在青藏高原地区的吐蕃人和其他各民族杂居相处，并无统一政权。[③]元朝时期，中央政权在一些藏族聚居区还以"吐蕃"为名，设立了地方机构，如"吐蕃等路宣慰使司都元帅府"（即朵甘思宣慰司）、"吐蕃等处宣慰使司都元帅府"（即脱思麻宣慰司）等，[④]这说明"吐蕃"的称谓一直在沿用，直到明朝之后才渐渐不作此称。[⑤]

4．吐蕃对"一带一路"的影响

吐蕃对陆上丝绸之路与海上丝绸之路都产生过重要影响。[⑥]

第一，吐蕃在唐朝西域的活动，客观上为陆上丝绸之路的拓展创造了新

---

① 国务院新闻办公室：《西藏发展道路的历史选择》（白皮书），国务院新闻办公室网，2015年4月15日。

② 王启龙：《松赞干布之前的吐蕃历史及其文化》，载陕西师范大学西北民族研究中心：《西北民族论丛》，社会科学文献出版社，2014年版，第138页。

③ 国务院新闻办公室：《西藏发展道路的历史选择》（白皮书），国务院新闻办公室网，2015年4月15日。

④ 国务院新闻办公室：《西藏发展道路的历史选择》（白皮书），国务院新闻办公室网，2015年4月15日。

⑤ 国务院新闻办公室发布的《西藏发展道路的历史选择》（白皮书）关于西藏历史部分的介绍中，明朝之后未再出现"吐蕃"的称谓。见国务院新闻办公室：《西藏发展道路的历史选择》（白皮书），国务院新闻办公室网，2015年4月15日。

⑥ 王香莲、蓝琪：《论吐蕃在唐西域的活动及其对丝绸之路的影响》，《贵州师范大学学报（社会科学版）》2004年第1期。

的机会。一方面吐蕃多次对唐朝西域用兵，在破坏中西交通的同时，也开通了吐蕃通往西域的通道。据史料记载，吐蕃出兵的路线，一路自拉萨经天湖旁穿过羌塘大草原，西北以达于阗；另一路自阿里西北循印度河河谷出大小勃律（今克什米尔），北越坦驹岭到达疏勒。此外还有一条东向进入西域的道路。另一方面吐蕃在唐朝西域的活动，客观上对回鹘路的开通起到了催化剂的作用。回鹘路，又称为金道，是唐代由庭州北至漠北回鹘牙帐，转赴长安的路径。唐代宗初年，河陇没于吐蕃，唐朝与西域的联系被直接切断。唐建中二年（公元781年），此路开通，因不久回纥改称回鹘[1]，故后世称其为"回鹘路"。《西游记》中孙悟空从西天返回唐朝走的这条路。

　　第二，吐蕃在唐朝西域的活动，也是海上丝绸之路兴起的原因之一。古代海上丝绸之路通常指东海（今黄海）航线和南海航线两条，其历史渊源可追溯到周秦时期，但其兴起却是在唐代。唐代之前，陆上丝绸之路交通发展到了高峰，堪称丝绸之路的"黄金时代"。但吐蕃兴起及其在西域

西藏山南地区通往印度、尼泊尔边境的道路

资料来源：作者拍摄

---

　　① 参见本书总论注释。

的军事活动，一定程度上促使陆上交通衰落，给海上丝绸之路的勃兴提供了契机。

第三，吐蕃开辟了"高原丝绸之路"，这是新疆南北道丝绸之路之外的伟大创举。其具体路线是东起唐朝都城长安，向西经过天水、兰州到达青海鄯城（今西宁），然后折而向南，直穿过青藏高原腹地，到达吐蕃王朝都城逻些，再向西南延伸直达尼泊尔、印度等南亚诸国。①

---

① 陶柯：《论吐蕃为开辟高原丝绸之路做出的贡献》，《甘肃高师学报》2000年第1期。

六、察合台汗国的形成

16世纪初，新疆（古时丝绸之路西域段）形成了以伊斯兰教为主要宗教、多种宗教并存的格局并延续至今。[1]丝绸之路上以伊斯兰教为主、多宗教交融共存这一格局的形成，与察合台汗国的发展、分裂有着密切关系。那么，察合台汗国又是怎么出现和分裂的？它对丝绸之路沿线新的民族形成与融合，为开拓祖国边疆、发展西域经济又作出了哪些重大的贡献？

察合台汗国始建于1222年，另一说是1227年[2]，是蒙古帝国四大汗国之一，由察合台及其孙子哈剌旭烈及他的后人统治。成吉思汗建立的蒙古帝国，在阿里不哥与忽必烈发生汗位之争后，分裂为四个主要汗国。关于四大汗国有两种说法：一是元朝（又称大汗汗国）与察合台汗国、伊利汗国和金帐汗国（又称钦察汗国）构成的四国；二是除了忽必烈的元朝外，四个名义上隶属于蒙古中央政权而事实上具有高度自治的藩属国，又称"兀鲁思"，分别是金帐汗国、察合台汗国、窝阔台汗国、伊利汗国。

1. 察合台的来历

成吉思汗完成了对天山南北、河中地区和伊朗高原的远征之后，将纳入

---

① 国务院新闻办公室：《新疆的若干历史问题》（白皮书），人民出版社，2019年版，第20页。

② 关于蒙古史研究，国内外较为公认的较早的研究学者是法国史学家勒内·格鲁塞，他在二十世纪五十年代初的研究认为察合台汗国始建于1227年。［法］勒内·格鲁塞：《草原帝国：游牧民族与农耕民族三千年的碰撞交融史》，赵晓鹏译，中国致公出版社，2019年版，第315页。

帝国版图的这一辽阔地区，分封给了自己的四个儿子：术赤、察合台、窝阔台和托雷。其中，次子察合台分得西起阿姆河，东至伊犁河流域，北起巴尔喀湖，南抵昆仑山脉的广大地区。塔里木盆地西部、南部和中亚河中地区，都在其封地内，除了少数地区之外，基本上是原先西辽的领土。这就是察合台汗国的领地。

察合台在分得封地后，定都于阿力麻里（今新疆霍城县），并举家迁往伊犁河流域的游牧地区。在他统治察合台十五至二十年的时间里，察合台保持了相对稳定。

然而，察合台死后汗国的祸乱接踵而至。这与蒙古高层统治阶级内部，特别是成吉思汗家族的权力斗争有密切联系。察合台选择了他的孙子哈剌旭烈成为继承人，这也得到了当时蒙古第二任大汗、成吉思汗三子窝阔台及其后任监国、窝阔台皇后乃马真的支持，因为当年成吉思汗去世时，察合台是所有在世皇子中最年长的，但在关键时刻支持窝阔台继任大汗，维护了蒙古高层权力更替的顺利和稳定。然而好景不长，窝阔台长子贵由长大后继任蒙

成吉思汗衣冠冢，位于内蒙古自治区鄂尔多斯，是蒙古族人进行最高规格祭祀的场所

资料来源：作者拍摄

古大汗，因他与察合台的儿子也速蒙哥关系密切，所以废掉哈剌旭烈转而由也速蒙哥做察合台可汗。但贵由只做了两年大汗就死了——察合台的国运又一次发生戏剧性转折——在经历了一段时间的最高权力真空后，也速蒙哥的死对头、拖雷系的蒙哥被拥立为蒙古大汗，因为在蒙古皇族四大家中，察合台家族与执政的窝阔台家族关系较为密切，察合台的首领也速蒙哥支持仍由窝阔台系的后代继任蒙古大汗，而反对把最高权力转到拖雷系。于是，蒙哥上台后罢免了也速蒙哥，重新任命哈剌旭烈为察合台可汗，然而哈剌旭烈却在上任途中就去世了。

这一系列眼花缭乱的权力更迭并没有就此结束，1259年蒙哥在做了八年大汗之后就死了，他留下了三个弟弟，其中旭烈兀因为已于1256年在波斯建立了自己的王国——伊利汗国，沉浸在波斯文明的熏染之中，早已"乐不思蜀"，对万里之外草原上的大汗宝座失去了兴趣，于是蒙哥的另外两个弟弟忽必烈和阿里不哥，开始了长达五年的汗位之争。这场蒙古中央皇权的争夺战也不可避免地波及察合台汗国，甚至从某种意义上说，察合台汗国对忽必烈最后战胜阿里不哥起到了重要作用。为什么这么说呢？

原来，阿里不哥虽然是忽必烈的弟弟，但蒙古贵族有一个传统，就是把自己最小的儿子留在身边，其他较长的儿子外放出去。因此，阿里不哥一直在蒙古中央政权的首府哈拉和林长大，比起很早就征战在外的忽必烈来说，自然更具有接班的"法统"优势。于是，当1260年忽必烈在上都（当时并非蒙古中央政权首府）宣布自己为大汗时，阿里不哥以自己坐拥首府哈拉和林以及窝阔台家族、察合台家族的支持，公开与忽必烈决裂。

阿里不哥为了获得察合台家族更有力的支持，任命察合台另一个孙子阿鲁忽为察合台可汗——而此时的察合台由上任可汗哈剌旭烈的遗孀兀鲁忽乃皇后统治。由于有了当时蒙古中央代理者阿里不哥的支持，阿鲁忽轻而易举地从兀鲁忽乃皇后手中夺取了权力。[①]兀鲁忽乃皇后这时有两个选择：自杀或

---

① ［法］勒内·格鲁塞：《草原帝国：游牧民族与农耕民族三千年的碰撞交融史》，赵晓鹏译，中国致公出版社，2019年版，第319页。

逃亡。哪一个选择看来都避免不了她以悲惨结局收场。然而，正是在这个关键时候，兀鲁忽乃皇后的聪明与智慧体现了出来——她既不是选择自杀，也不是选择逃亡，而是选择了嫁给剥夺她统治权力的阿鲁忽！

对于阿鲁忽来说，这也是一个明智的选择，相当于把上任可汗、他的堂兄哈剌旭烈所遗留的势力团结了起来。有了兀鲁忽乃皇后的支持，阿鲁忽也不再唯阿里不哥之命是从，而是静观形势的变化，对阿里不哥和忽必烈的最高权力争夺坐山观虎斗，以便作出最有利于他本人和察合台汗国发展的选择。当阿里不哥在这场权力消耗战中逐渐显出劣势的时候，阿鲁忽决定转而支持忽必烈，两部分别从西、东两面夹攻阿里不哥，最终加快了阿里不哥覆亡的速度。

于是，当忽必烈赢得了事关整个蒙古帝国发展的最高权力斗争后，赋予了曾给予他支持的阿鲁忽在察合台汗国更大的自由裁量权，阿鲁忽也抓住机会进一步扩大了察合台的势力范围，先宣布自己为大汗，还占领了成吉思汗长子术赤家族的领地花剌子模。

蒙古大汗和察合台可汗早期世系表

蒙古大汗	在位时间	察合台可汗	在位时间
太祖铁木真（成吉思汗）	1206—1227年	察合台	1222—1241年
睿宗拖雷监国（太祖四子）	1228年	哈剌旭烈	1241—1246年
太宗窝阔台（太祖三子）	1229—1241年	也速蒙哥	1246—1251年
乃马真皇后监国（太宗后）（窝阔台系）	1242—1246年	兀鲁忽乃	1251—1260年
定宗贵由（库裕克汗，太宗长子）（窝阔台系）	1246—1248年	阿鲁忽	1260—1266年
海迷失皇后监国（定宗后）（窝阔台系）	1249—1251年	木八剌沙	1266年
宪宗蒙哥（睿宗长子）（拖雷系）	1251—1259年	八剌	1266—1271年
世祖忽必烈（薛禅汗，睿宗次子）（拖雷系）	1260—1294年	聂古伯	1271年
		秃里帖木儿	1271—1272年
		都哇（笃哇）	1272—1306年

资料来源：笔者依据相关史料制成

　　1265年或1266年，[①]察合台第五任可汗阿鲁忽去世，这个时候，嫁给了两任可汗、自己也担任过一任可汗的兀鲁忽乃皇后再次出现在人们的视野中，因此此时接替阿鲁忽可汗的，正是兀鲁忽乃皇后与前任可汗哈剌旭烈的儿子木八剌沙。[②]某种程度上可以说，兀鲁忽乃就是"蒙古的伊丽莎白一世"，在察合台几个重要的历史转折点，作出了重要抉择，延续了自己和血脉的荣光。

　　但是，元朝一代圣主忽必烈怎能坐视一个崛起的察合台而不管，他并没有立即答应木八剌沙的即位请求，转而任命了察合台家族另一位后代、木八剌沙的堂弟八剌与木八剌沙共同执政，[③]实际上是分掉兀鲁忽乃皇后及其儿子木八剌沙的权力，对察合台分而治之。结果，八剌策动军队造反，俘虏了木八剌沙，大权独揽。

　　前面说到蒙古最高权力，在贵由死后，由窝阔台系转到拖雷系，因此窝阔台系的后代、贵由的一个儿子海都，始终致力于像父亲一样做蒙古大汗，与当时的大汗忽必烈之间的斗争也不可避免地爆发了。海都反对忽必烈，就是从要求察合台可汗八剌服从自己开始的。也就是从这个时候开始到海都去世的三十多年时间里，察合台一直属于窝阔台系海都的宗主统治下。

　　1272年，海都拥立八剌之子都哇为可汗，并与其结为反忽必烈同盟。都哇一心追随海都，多次发动叛乱，南下侵犯元朝控制区域。然而直到1302年海都去世，都没能打败忽必烈。海都死后，都哇又立海都长子察八儿为窝阔台汗国大汗，自己掌握实权。但不久之后两人发生冲突，都哇约元军夹攻打败察八儿。至此，都哇不仅收复了以前被海都侵占的原察合台汗国领地，还兼并了几乎整个窝阔台汗国。此时的察合台汗国，国力达到极盛。

---

　　① ［法］勒内·格鲁塞：《草原帝国：游牧民族与农耕民族三千年的碰撞交融史》，赵晓鹏译，中国致公出版社，2019年版，第320页。

　　② ［法］勒内·格鲁塞：《草原帝国：游牧民族与农耕民族三千年的碰撞交融史》，赵晓鹏译，中国致公出版社，2019年版，第320页。

　　③ ［法］勒内·格鲁塞：《草原帝国：游牧民族与农耕民族三千年的碰撞交融史》，赵晓鹏译，中国致公出版社，2019年版，第320页。

2. 东察合台与西察合台

1306年冬天，都哇病亡，[1]其子纷纷起兵争夺继承权。1309年都哇幼子怯伯被推举为可汗。怯伯是一位锐意改革的君主，一上台就采取了一个大动作，最后招致自己汗位不保。

在14世纪之前，绝大部分蒙古贵族仍然遵循民族传统，以游牧为生。自从与中原文化接触密切的忽必烈赢得了蒙古最高政治权力后，中原汉人农耕定居的生活方式，开始影响蒙古高层的生活习俗；此外波斯人也是定居的生活方式，对伊利汗国的蒙古贵族也产生了影响。而察合台汗国当时仍然以游牧为主，怯伯便以振兴察合台为理由，主张迁都到农耕地区，也就是把察合台的政治重心从草原迁往河中。这一行为被很多蒙古传统贵族视为"大不敬"和违反祖制，于是大家召开大会，推举怯伯之兄也先不花为可汗，[2]主张重返草原。于是，怯伯迁都之后定居并统辖的河中地区，也就是今天的乌兹别克斯坦、塔吉克斯坦、吉尔吉斯斯坦、哈萨克斯坦和阿富汗等地，被称为西察合台汗国；也先不花统治的察合台乌鲁斯东部，也就是今天我国新疆绝大部分地区，被称为东察合台汗国。[3]

也有另一种说法认为，察合台汗国的分裂始于1346年突厥贵族异密（蒙古语，意为侍从官）加兹罕杀死察合台第二十三代可汗合赞算端，并在河中地区拥立海都的孙子答失蛮察为可汗，实际答失蛮察只是加兹罕的傀儡，这是西察哈台汗国。察合台的各大部族眼见突厥人可以废立可汗，掌握大权，于是也纷纷行动，寻找察合台后裔做代言人，在这样的背景下，1347年察合

① 法国史学家勒内·格鲁塞认为确切时间不可考，应当是公元1306年底之前。勒内·格鲁塞：《草原帝国：游牧民族于农耕民族三千年的碰撞交融史》，赵晓鹏译，中国致公出版社，2019年版，第325页。

② ［法］勒内·格鲁塞：《草原帝国：游牧民族与农耕民族三千年的碰撞交融史》，赵晓鹏译，中国致公出版社，2019年版，第326页。

③ 新疆社会科学院民族研究所编订的《新疆简史》采用这种说法。新疆社会科学院民族研究所：《新疆简史》，新疆人民出版社，1980年版。

台汗国的一个大氏族——杜格拉特部拥立秃忽鲁·帖木儿为汗，这是东察哈台汗国。①

以上两种不同说法，只是就察合台汗国分裂的时间产生分歧，但对察合台汗国日后的总体变迁情况并不产生决定性影响。

当杜格拉特部选择了他们的"理想"代言人秃忽鲁·帖木儿后，在很多人看来，曾经盛极一时的察合台汗国就将沦为突厥人和蒙古杜格拉特部瓜分的肥肉了。如果杜格拉特部当时作这样的打算，那么他们可能会失望了②——秃忽鲁·帖木儿并不是任他们摆布的小羊羔，而是有着天生的领导才能和霸主的气质，是东察合台后裔中第一个信奉伊斯兰教的可汗。他不仅统一了整个察合台汗国，还使伊斯兰教得到广泛传播。

1389年，秃忽鲁·帖木儿幸存的幼子黑的儿火者即汗位，建都于别失八里，又称"别失八里国"；1418年，黑的儿火者之孙歪思汗把国都迁到亦力把里（今新疆伊宁市），又称"亦力把里国"。最后汗国分裂为三部分：东察合台汗国本部（亦力把里部）、吐鲁番部和叶尔羌部。

察合台汗国的变迁

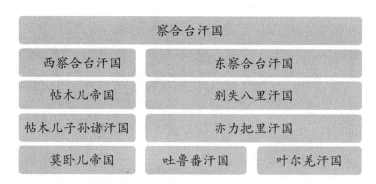

资料来源：笔者根据相关文献资料整理

而被突厥人加兹罕控制的西察合台汗国，历任可汗都没能摆脱傀儡的

① 刘迎胜：《察合台汗国的分裂》，《新疆社会科学》1985年第5期。

② ［法］勒内·格鲁塞：《草原帝国：游牧民族与农耕民族三千年的碰撞交融史》，赵晓鹏译，中国致公出版社，2019年版，第331页。

处境，末任可汗迷里忽辛在1370年被突厥人帖木儿（注意不是东察合台可汗秃忽鲁·帖木儿）击败，后者建立了日后震慑西方的帖木儿帝国。帖木儿本来只是西察合台的一个突厥贵族，甚至不是蒙古人[①]，没有任何可能获得最高统治权，但因为他娶了东察合台可汗黑的儿火者的女儿为妻，成为蒙古人的女婿，因此具备了成为可汗的"合法性"。帖木儿和迷里忽辛本是同盟关系，但为了权力骨肉都可以相残，帖木儿最终杀死迷里忽辛，成为河中地区的唯一主宰。但帖木儿始终没有自称"可汗"，而是谦称"异密"或"大异密"，或多或少也跟他并非正统蒙古贵族出身有关。

帖木儿建立起的帝国，从1380年开始，先后夺取波斯和阿富汗，进而攻占两河流域；1388年征服花剌子模，后多次进攻钦察汗国，攻陷亚美尼亚和南高加索；1398年进攻印度德里苏丹国首都德里，占领印度北部；1400年占领整个叙利亚，一把火烧了大马士革。帖木儿人生的巅峰，是1402年在安卡拉战役大败奥斯曼帝国，俘虏土耳其苏丹，使帝国的疆域南抵印度德里，西至小亚细亚、美索不达米亚，成为了横跨欧亚的大帝国。

1405年，帖木儿去世，生前将他庞大的帝国领土分封给众多儿孙，其中一个是费尔干纳汗国，它的末代统治者巴布尔被乌兹别克人打败后南下印度，建立了莫卧儿帝国（意即蒙古帝国）。此是后话了。

察合台是当年成吉思汗几个儿子里最不起眼的，其他几个要么如窝阔台系和拖雷系先后继承蒙古大汗之位，要么如术赤系征服了广袤的俄罗斯地区，但从后来历史的发展来看，察合台却可能是对整个亚欧大陆格局影响最大的家族。其实，强弱的转换、福祸的轮回，又何止在历史的画卷中上演呢？

4. 察合台汗国对丝绸之路的意义

察合台汗国的兴起、分裂，对丝绸之路的意义体现在哪些方面？

---

① 有研究认为，帖木儿不是突厥化的蒙古人，而就是突厥人。［法］勒内·格鲁塞：《草原帝国：游牧民族与农耕民族三千年的碰撞交融史》，赵晓鹏译，中国致公出版社，2019年版，第396页。

伊犁哈萨克自治州那拉提草原上的哈萨克牧民

资料来源：作者拍摄

　　一是促进了丝绸之路沿线新的民族形成与融合。东察合台汗国时期，哈萨克族在楚河、塔拉斯河流域形成，其中一部分融入中华民族，为开拓祖国边疆、发展西域经济作出了重大的贡献。

　　哈萨克族是古老的民族。公元前2世纪，生活在伊犁河谷和七河流域的乌孙人，融合了塞种人和月氏人成为哈萨克族的先世。此外，6—13世纪，生活在这一地区的西突厥、突骑施、葛逻禄以及康居、阿兰、呿陆、铁勒等部落和部族也融合到哈萨克中。13—14世纪，哈萨克部落处于钦察汗国和察合台汗国的统治之下。1456年，克烈汗和贾尼别克汗率领哈萨克人在楚河流域建立了哈萨克汗国，都城为土尔克斯坦城。哈萨克汗国的建立对哈萨克民族的形成具有决定性的作用。1589年，哈萨克人及其分布地区分三个玉兹（哈萨克语，指"地区"），大玉兹分布于巴尔喀什湖南部及伊犁河到锡尔河之间的广阔地区；中玉兹分布在大玉兹之北，即巴尔喀什湖西北草原地带；小玉兹分布在今哈萨克斯坦西部。后来，大、中玉兹归属准噶尔部，小玉兹被沙俄吞并。

二是有利于伊斯兰教在丝绸之路沿线的传播。14世纪中叶，东察合台汗国统治者以战争等强制手段，将伊斯兰教逐渐推行到塔里木盆地北缘、吐鲁番盆地和哈密一带。[①]

前面提到的东察合台汗国重要可汗秃忽鲁·帖木儿是第一位接受伊斯兰教的蒙古汗。他在位期间，努力争取穆斯林对他的政治支持，这在客观上促进了伊斯兰教的传播。所以在其当政期间，伊斯兰教成为察合台汗国最大的宗教势力，穆斯林人口比重逐步扩大。当时的察合台蒙古人，尤其是统治阶层的蒙古贵族，仍然固守着古老的萨满教信仰。为了争取穆斯林的支持，秃忽鲁·帖木儿决心让蒙古人都接受伊斯兰教，并身体力行，于执政的第六年，在阿克苏由中亚著名苏非派传教士额西丁和卓主持入教仪式，正式接受伊斯兰教。接着他迫使蒙古王公大臣接受伊斯兰教，并向各地派出大批传教士，使16万蒙古人改信伊斯兰教。与此同时，他积极笼络伊斯兰教上层，任命额西丁和卓为天山南部地区世袭伊斯兰教教长，授予其家族政治经济特权。在其扶植下，额西丁和卓家族逐步上升为察合台汗国一支强大的宗教政治势力。

在察合台汗国的强制推行下，伊斯兰教逐渐成为察合台汗国的蒙古人、维吾尔人、哈萨克人、柯尔克孜人、塔吉克人等信仰的主要宗教，到16世纪初，伊斯兰教最终取代佛教成为新疆的主要宗教。[②]

---

① 国务院新闻办公室：《新疆的若干历史问题》（白皮书），人民出版社，2019年版，第19页。

② 国务院新闻办公室：《新疆的历史与发展》（白皮书），国务院新闻办公室网，2003年5月26日。

七、瓦剌西迁

　　1449年的"土木堡之变"，是明朝中央军队的一场失败战役。皇帝被俘，这在中国历史上也是不多见的大事件。事件的另一边主角，就是蒙古瓦剌部。瓦剌是如何崛起的？何以能够俘虏明朝皇帝？瓦剌西迁又是怎么回事？

　　瓦剌，是明代对漠西蒙古的总称，初分布于叶尼塞河上游地区，后不断向额尔齐斯河中游、伊犁河流域扩展。17世纪初，瓦剌后裔（清朝称卫拉特）逐渐形成了准噶尔、杜尔伯特、和硕特、土尔扈特四部。17世纪70年代，准噶尔占据伊犁河流域，成为四部之主，并统治南疆。[①]当然，这是后话了。

1. 北元的瓦解与瓦剌的崛起

　　蒙元时期，瓦剌先祖斡亦剌主要分布在色楞格河支流木伦河，及其以北的锡什锡德河至叶尼塞河上游的广大地区，按千户编制，属拖雷系领地，后成为岭北行省一部分。虽直辖于元朝，但保持一定独立性。

　　由于政治和战争等因素的影响，斡亦剌贵族和部众大致分成几个部分：一部分在元廷供职和参加元朝的军队；一部分由于参加阿里不哥和海都等宗王之乱，散居于额尔齐斯河和伊犁河流域，有的则早在1256年就随蒙古大汗

───────────

　　① 国务院新闻办公室：《新疆的历史与发展》（白皮书），国务院新闻办公室网，2003年5月26日。

蒙哥的弟弟旭烈兀远徙于波斯一带开创了伊利汗国；而留在本土的这部分斡亦剌人，也逐渐从叶尼塞河上游向南部草原地带发展，有的向坤桂、札布汗河流域迁徙，有的越过阿尔泰山，游牧于哈喇额尔齐斯河一带。

瓦剌大规模的迁徙，则是在元末明初。故元残余势力退居塞北后，随着可汗权力的衰微，大漠东西蒙古族，基本上分为互不统属的三个集团，即鞑靼、瓦剌、兀良哈三卫。此外，别失八里（即东察合台地域）和关西的哈密、赤斤蒙古、沙州等卫所以及内地，也住有不少蒙古人。

瓦剌被称为西蒙古，分布于札布汗河、科布多河流域以及额尔齐斯河、叶尼塞河上游一带。北与乞儿吉思为邻，西南与别失八里、哈密毗邻，东与鞑靼相接，东南渐向陕甘边外发展。[①]

与瓦剌并存的是鞑靼，又称为东蒙古。游牧于贝加尔湖以南，大漠以北，东至鄂嫩河、克鲁伦河流域的广阔地区（即今天包括蒙古国在内的广大地域），后势力渐入漠南（即今天我国内蒙古自治区）。

兀良哈三卫初分布于潢水（西喇木伦河、西辽河）以北，自怀山（兴安岭东支脉）至东金山（今吉林怀德县附近）之地。明正统年间（1436—1449年）逐渐南下，耕牧于辽河、老哈河之间。

明初，元室后裔仍致力于重新入主中原，大汗自统大漠南北，不仅拥有强大的武力，而且仍被视为蒙古的正统，亦被后史称为北元。北元与明朝一墙相隔，无论在政治、军事还是地理方面都对明朝构成严重的威胁。

对此，明朝采取了重点打击东蒙古势力的对策，进行了犁庭扫穴般的频繁征讨。

明洪武二年（公元1369年），明军北征，占领元上都，元顺帝退守应昌（今内蒙古克什克腾旗境内）。

此后，明廷又几次派兵北伐，夺取北元在漠南的许多据点，并设置了阿端（今青海西部、新疆东南部）、安定（今青海西北部、甘肃西南部）、甘州（今甘肃张掖）、庄浪（今甘肃永登）、河洲（今甘肃临夏）、东胜（今

---

① 白翠琴：《瓦剌境域变迁考述》，《蒙古史研究》1985年6月。

内蒙古托县）、官山（今内蒙古集宁西）、察罕脑儿（今内蒙古商都）等重要卫所，钳制北元势力。

1391年明军攻破哈密以后，明朝基本控制了甘肃、哈密、北元漠南大部及辽东地区，元室势力几至瓦解。

到永乐朝，明成祖朱棣屡兴兵事，经略蒙古，于1410年、1414年、1422年、1423年和1424年五次亲征漠北，即所谓"五出三犁"。除了1414年远征瓦剌外，其余四次都是征讨东蒙古，倾注全力攻伐蒙古可汗势力，以求解除对明北边的直接威胁。[1]

东蒙古屡遭打击，而地处西蒙古的瓦剌诸部在元朝强臣、瓦剌第一任首领猛哥帖木儿管辖下，部落快速繁衍，加之不断吸收和联合周围蒙古与突厥语族其他部落，势力渐强，人数发展到4万户以上，形成了一股强大的政治力量。明初实施的对蒙政策，使北元国势衰微，可汗势力大大减弱。于是北元握有实力的权臣贵族们乘机雄踞一方，形成了封建割据局面。东蒙古鞑靼日趋衰落，而西蒙古瓦剌势力由此坐大。

2. 瓦剌与"土木堡之变"

在瓦剌第四任首领也先统治初期，瓦剌与明廷关系一直是比较密切的。特别是通过所谓的"朝贡体系"，即边境上的马市和茶市，瓦剌人用他们的马匹与汉人的茶叶、丝绸等进行交换，据记载，每个茶马市场100万斤茶叶可以交换1.4万匹马。[2]

随着易货贸易规模的增大，瓦剌无法提供全部优质的马匹，于是搞起了"吃空额"，如明正统十四年（公元1449年）二月，瓦剌遣使2000余人贡马，却声称有3000人，并且马匹也以次充好，再加上这些"朝贡"使者鱼龙

---

[1]　南快莫德格：《论瓦剌蒙古与西域社会》，《西北民族大学学报（哲学社会科学版）》2005年第2期。

[2]　[英]崔瑞德、[美]牟复礼编：《剑桥中国明代史》（上卷），中国社会科学出版社，1992年版，第312页。

混杂，常有土匪混入其中，在边境劫掠，这样一来引起明朝的不满，当时正统皇帝身边的权宦王振下令核准朝贡人数和马匹，最后减去了应付金额的五分之四，反过来又引起瓦剌方面的不满。

在贸易、朝贡和领土方面紧张等多重因素刺激下，也先领导的瓦剌决定向明朝发动进攻。正统十四年（公元1449年）七月，也先统率各部，分四路大举向内地骚扰：东路进攻辽东；西路进攻甘州（甘肃张掖）；第三路直攻宣府围赤城；第四路由也先亲率进攻大同。其中，也先进攻大同的一路，"兵锋甚锐，大同兵失利，塞外城堡，所至陷没"。明英宗在王振怂恿下率兵亲征，被也先诱至土木堡围歼，明英宗被俘，史称"土木堡之变"。

土木堡之变的发生，绝非偶然，有着深刻的历史原因。

第一，元末明初北方游牧民族衰而不弱，也先进攻明朝，反映了蒙古人作战能力仍然强大。

第二，明成祖连年进攻鞑靼阿鲁台，为瓦剌统一蒙古创造了条件，使瓦剌进攻明朝时没有了后顾之忧。

第三，明代蒙古以畜牧经济为主，需要与中原进行经济交往，也先进攻明朝也曲折地反映了这一要求。

此外，明朝的武备废弛、皇帝平庸及宦官专权也是发生"土木堡之变"的重要原因。①

明英宗在土木堡被俘后，为免主少国疑，于谦等大臣劝服孙太后，立英宗之弟郕王朱祁钰为帝，并启用抗战派大臣于谦整顿京城防务，凑集京兵，募兵中原。

同年十月，也先进围北京，企图逼迫明廷订城下之盟。但因北京军民英勇奋战，也先计划未能实现。由于明朝已另立新帝，明英宗失去了利用价值，也先将明英宗送还，双方重新恢复正常通贡互市关系。

明景泰四年（公元1453年），也先自立为汗，在对明朝的文书里，自称"大元田盛大可汗"。"田盛"即"天圣"之意，可见他自视极高。然而，

---

① 肖立军：《瓦剌的兴衰》，《历史教学》1997年第10期。

也先后期沉迷于酒色，虐待属下，引起政变。阿剌知院是也先重要臣僚，在请求也先封其为太师被拒后，发动政变，杀死也先。两年后，阿剌知院也被刺身亡。从此，瓦剌内乱不止。

3. 瓦剌西迁

也先死后，东西蒙古暂归统一的局面遂告结束。但瓦剌不是像有些史学家所描述的那样，顿趋衰颓、立即西迁，而是在相当长时期内仍雄踞漠北，颇为强盛。后来由于内讧，东蒙古乘机攻袭，才迫使其主力逐渐迁往漠西。当时，察合台后裔极力抵制其势力向西南发展，瓦剌通向青海之道也遭遇阻碍。而明廷采取软硬兼施、扶此抑彼的办法，尽量阻遏蒙古势力南移。因此，瓦剌西迁是在与东蒙古和察合台后裔不断斗争中进行的。

16世纪中期以后，为了逃避战乱、寻找水草甘美的牧场，东蒙古诸部一方面加紧向南部及西南部鄂尔多斯和青海迁徙，另一方面逐渐向西北和林、杭爱山一带发展，外蒙古喀尔喀诸部通过各种手段极力将瓦剌势力向西排挤，而西部的哈萨克人又与瓦剌发生冲突。基于上述因素，瓦剌开始往东南甘、青一带寻求新牧地，并逐渐失去了和林、杭爱山地区等广大领土。

概而言之，15—17世纪初，瓦剌的地域分布，随着政治形势起落、各部力量兴衰、社会经济发展，转徙变迁很大。[1]但瓦剌作为蒙古人在漠西统治的延续，并未消失于历史舞台。特别是清朝以后我国西北地区若干重要历史事件的主角，如土尔扈特回归、准噶尔叛乱等，都离不开瓦剌后裔的身影。

---

[1]　白翠琴：《瓦剌境域变迁考述》，《蒙古史研究》1985年6月。

八、乾隆维护祖国统一

　　乾隆皇帝自命"十全老人"，其中他在西域和丝绸之路上的功绩，就占其三。乾隆为何如此看重西域？清朝中叶这里发生了怎样惊天动地的事迹？

　　丝绸之路历史上就是一个多种宗教并存的地区，包括伊斯兰教、佛教、基督教、天主教、道教等多种宗教并存是这一地区的特点。[①]其间，这一地区也出现了因宗教而起的斗争。明清时期，伊斯兰教内部分裂为黑山派和白山派，两派进行了长达数百年的激烈争斗，穆斯林群众在两派斗争中被迫选边站队，失去了宗教信仰的自由。[②]而佛教在丝绸之路西域段最后的回光，也出现在清朝初年。在此过程中，中央王朝始终坚定认为，蒙古准噶尔部控制的天山以北地区，以及黑山派和白山派所在的天山以南地区，都是中国领土不可分割的一部分，并为维护祖国统一和领土完整，进行了艰苦卓绝的斗争。

　　北疆方面，清朝初年，蒙古准噶尔部崛起。准噶尔"汗国"是准噶尔部的首领噶尔丹在1676年打败卫拉特（即明朝的瓦剌）盟主鄂齐尔图汗，把松散的联盟体制步步改变为集权的政权体制之后，于1678年建立的一个伪汗国。准噶尔实际上是漠西蒙古卫拉特四部之一，由于卫拉特蒙古事实上以藏传佛教为其基本信仰，因此准噶尔首领噶尔丹深受藏传佛教的影响，一直想建立一个以藏传佛教为国教的准噶尔汗国，所以他第一步在1678年率兵攻灭

---

　　① 国务院新闻办公室：《新疆的若干历史问题》（白皮书），人民出版社，2019年版，第19页。

　　② 国务院新闻办公室：《新疆各民族平等团结发展的历史见证》（白皮书），国务院新闻办公室网，2015年9月25日。

了叶尔羌（东察合台蒙古人后裔，在今我国南疆附近），同时又用兵于哈萨克，巩固准噶尔在那里的统治。在准噶尔部的势力范围覆盖南疆之后，佛教一度有了再次在南疆发展的机会（只不过这回是藏传佛教）。在清朝平定准噶尔叛乱后，这一可能性便荡然无存了。

清朝康熙、雍正、乾隆三朝为统一西北地区与准噶尔部进行了多次战争，在清代文献中通称为平定准噶尔。战争起于清康熙二十九年（公元1690年），迄于清乾隆二十二年（公元1757年），迭经三朝，历时六十八年，最终在乾隆时期弭叛息乱，取得了中央政权对准噶尔蒙古的完全胜利，维护了祖国的领土完整和大一统。

南疆方面，关于白山派与黑山派名称的由来有以下几种说法：一是当时取得蒙古人支持的为白山派，获得拔达克山—坎居提支持的为黑山派。二是因穆罕买提·依敏的跟从者多居阿图什北面，有白色大山，故名白山派；伊斯哈克耶的信徒聚居在叶城、叶尔羌，西面有黑色大山，故名黑山派。三

《乾隆平定西域得胜图》之一《鄂垒扎拉图之战》（影印本，摄于高昌故城遗址博物馆）
资料来源：作者拍摄

是两派因追随者以白旗、黑旗为标志而得名。后世逐渐衍变为白山派信徒戴白帽、黑山派信徒戴黑帽。两派的教义基本一致，只是在斋拜仪式上略有不同。

1700年，白山派领袖阿哈玛特图谋脱离准噶尔的统治，为噶尔丹的继承者策妄阿拉布坦察觉，遂被擒解到伊犁软禁。阿哈玛特在伊犁生有两个儿子，长子波罗尼都，次子霍集占，这就是新疆历史上有名的大小和卓，是白山派早期创始人阿帕克和卓两个最有名的嫡系曾孙子。

1755年，清军平定准噶尔部达瓦齐叛乱后，决定把原来被准噶尔羁押在伊犁的白山派大和卓波罗尼都派回南疆，利用其家族的传统影响去招服维吾尔人，以实现对南疆的和平统一。波罗尼都在清军的支持下迅速占领喀什，包围了叶尔羌城，击败了黑山派加罕和卓政权，黑山派和卓势力从此退出政治舞台。波罗尼都在收复南疆后立即宣布，天山南路从此进入"可汗秦（指清朝皇帝）的时代"。

同年，小和卓霍集占追随原准噶尔汗国的余党阿睦尔撒纳发动叛乱，并在叛乱被清廷平定后潜逃到南疆，成功煽动大和卓波罗尼都背叛清朝。

1757年，小和卓霍集占在库车打出"巴图尔汗国"的旗号，自称"巴图尔汗"，宣布与已经统一新疆的清朝中央政府决裂，史称"大小和卓之乱"。1758年，清军南下平定大小和卓，收降叛军1.2万余人，将大小和卓赶到葱岭以西的巴达克山。最终巴达克山部首领擒杀大小和卓，并将其尸首送交清朝。[①] 在南疆人民的支持下，清军终于粉碎了这次叛乱。至此，在乾隆皇帝的居中指挥下，历时近四年的"大小和卓之乱"终于被平息，祖国领土统一得到了维护。乾隆为此自命"十全老人"，其中"平准噶尔二，定回部一"，在西域和丝绸之路上的功绩，就占其三，足见维护祖国统一大业在乾隆心中的分量了。

对此，西方学者也有极高的评价："乾隆皇帝对伊犁河流域和喀什噶尔的征服，标志着自汉代班超以来，经历了17个世纪之后，中原王朝在亚洲实

---

① 相关史实参见《圣武记·乾隆勘定回疆记》。

行的政策目标终于实现了。"①

　　清政府维护祖国统一的历史表明，丝绸之路上民族关系的演变，始终和中华民族关系演变相联系。各民族有隔阂冲突更有交流融合，团结凝聚、共同奋进始终是主流。②妄图分裂疆土的行为是逆历史潮流而动的，这违背各族人民的共同心愿和根本利益，其失败也是历史的必然。

---

① ［法］勒内·格鲁塞：《草原帝国：游牧民族与农耕民族三千年的碰撞交融史》，赵晓鹏译，中国致公出版社，2019年版，第518页。

② 国务院新闻办公室：《新疆的若干历史问题》（白皮书），人民出版社，2019年版，第12页。

九、巴尔鲁克山与阿勒泰的回归

清朝末年，国家贫弱，在大西北丝绸之路上，边疆人民为了维护国家领土完整和统一，与沙俄进行了可歌可泣的斗争，却鲜为大家所知。本章将介绍发生在巴尔鲁克山与阿勒泰的真实故事。

清朝末年，俄国趁清朝内忧外患之际，大肆侵占中国领土。在西北丝绸之路最北线，爱国志士们本着"一寸山河一寸血"的无畏气概，与俄国人展开了可歌可泣的斗争。虽然国家积贫，但也尽最大可能维护着祖国的领土。巴尔鲁克山与阿勒泰的失而复得，就是其中代表。

1. 巴尔鲁克山的租借与收回

巴尔鲁克山位于塔城地区南端，全长110公里，呈西北至东南走向。19世纪50年代末，第二次鸦片战争爆发，同时清朝内部伴随着声势浩大的太平天国起义，危机四起、风雨飘摇。野心勃勃的沙俄乘清政府内外交困之际，侵占了中国东北大片领土之后，又把魔爪伸向中国西北地区。巴尔鲁克山是伊犁、塔城、乌苏、精河四地往来的要冲之地，在当时的交通与边防上具有重要战略意义，加上这里物产丰富，沙俄早就垂涎欲滴。

1864年，中国代表迫于俄国压力，在《中俄勘分西北界约记》上签字，致使中国40多万平方公里的土地沦丧敌手，其中属塔城政区管辖的面积就有10余万平方公里。但俄国人欲壑难填，仍盯着巴尔鲁克山不放。塔城军民为保卫国土，与他们进行了长期不懈的斗争。

1883年，中俄塔尔巴哈台西南界约即将签订，经塔城军民的努力，得以在条约文稿中写明了"其巴尔鲁克山及塔尔巴哈台所属地方仍属大清国地方"。在划界谈判中，塔城地方官员喀尔莽阿、图瓦强阿等人因在塔城巡逻守边和居住多年，熟悉边境情况，与沙俄代表据理争辩，寸土必争，拒绝了俄国人的许多无理要求，为维护国家利益发挥了积极作用。

《中俄勘分西北界约记》复制本（藏于今伊犁哈萨克自治州霍城县伊犁将军府）

资料来源：作者拍摄

巴尔鲁克山区虽然在条约上写明归属中国，但俄国代表以游牧于巴尔鲁克山的俄属哈萨克人无法马上全部迁移为由，租借了巴尔鲁克山十年。俄国人租占该地后，东出可断塔尔巴哈台驿路，南下可入乌苏、精河。从战略上看，这样一来，俄国人可断伊塔通往迪化的饷道，隔断伊塔的边防，隐患极大。清廷虽不情愿，但也无可奈何。

时光飞逝，转眼十年期限将至。清政府照会俄国，要求迁民还地，履行条约，但俄国政府迟迟不作答复。时任塔尔巴哈台参赞大臣的额尔庆额，担心不能如期收回失地，就给朝廷递了奏折：

> 借予俄人巴尔鲁克山地方，至明年九月将届期满，请饬总理衙门预先照知俄使，将俄属哈萨克陆续迁移。……如到期照知，必以哈萨克迁徙困难藉辞推诿，以逞其觊觎之计。[①]

根据塔城军民的一再请求，清政府开始与俄国政府进行索还巴尔鲁克山的交涉。而俄国人妄图继续租借，真正意图是将巴尔鲁克山长期据为己有。如何才能顺利收回？在此过程中，时任伊犁将军长庚发挥了重要作用。

---

① 《清德宗实录》卷515，中华书局，1987年版。

伊犁将军长庚，据《清史稿》载："字少白，伊尔根觉罗氏，满洲正黄旗人。"[1]清朝八旗中，正黄旗为"上三旗"之首，可见长庚出身高贵皇族。长庚先后两任伊犁将军，历任镶蓝旗汉军都统、驻藏大臣、兵部尚书、陕甘总督，戍边安民，政绩斐然。

早年太平天国运动时，长庚家族50余口人遇难，父兄惨死，只有他和母亲幸免于难。母亲多病，一路上由他背着，从江宁逃到绥远（今呼和浩特新城），投奔当时的绥远都统，也是长庚日后的贵人——景廉。

景廉把长庚推荐到恭亲王府办事，后来又到乌鲁木齐都统平瑞帐下当幕僚。乌鲁木齐南山回民起事，围困乌鲁木齐城，平瑞自尽，长庚后辗转归化、山西等地。清同治十一年（公元1872年），伊犁将军荣全请他到新疆塔尔巴哈任职，他从此跟新疆结下了不解之缘。

长庚在西北征战多年，勤于勘察，山水在胸，再加上景廉的举荐，长庚有了入宫觐见的机会。慈禧太后要听他说西北的情形，他拿出自绘的舆图，提出数条重要边事的建议。慈禧太后不但采纳了长庚的建议，还重用了他，晋升他为伊犁副都统；两年后，升驻藏大臣。长庚一跃成为清末边疆重臣。

清光绪十六年（公元1890年），47岁的长庚任伊犁将军，掌握新疆军事大权。在任期间，建树颇多，而收复被俄国租借十年之久的巴尔鲁克山即是其中最大的功绩。

光绪十九年（公元1893年），巴尔鲁克山十年租期已到，俄国人无理要求续借。清政府进退两难，骑虎难下。关键时刻，铁腕人物长庚上陈奏明利害，表达了坚决收回的决心：

> 此山一日不收，则伊塔一日不能宁靖，实则失地利、扰行旅、断后路、危疆域之大害。[2]

---

① 《清史稿·长庚传》，中华书局，1976年版。
② 《清德宗实录》卷515，中华书局，1987年版。

同时，长庚派人到塔城，跟俄驻塔领事馆磋商近半年之久未果，长庚放话"到期还山"。伊犁官方按照惯例，人随地归，连山带驻地俄人一并收回。在长庚的强硬措施下，俄国人终于妥协。当年岁末，饱经沧桑的巴尔鲁克山重新回到祖国怀抱。

2. 阿勒泰改区为道的"六部曲"

阿勒泰，是突厥语、蒙古语的音译，意思是"金子"。阿勒泰地区以阿尔泰山而得名，地处新疆北部。

秦末汉初，中国北方部族匈奴兴起，阿尔泰山地区是匈奴右地。匈奴日逐王建立的僮仆都尉奴役压榨各国和新疆北部各部族，还经常侵扰西汉边塞，阻断丝绸贸易及使者交通。西汉顺应历史潮流，团结西域各国并且派精兵强将对匈奴作战，取得胜利，于汉神爵二年（公元前60年）建立西域都护府，取代匈奴政权僮仆都尉，蒙古高原西部的阿尔泰山地区随之归入中国版图。唐贞观二十三年（公元649年），唐朝在西域设置属于安西大都护府的瑶池都督府，不久分为昆陵、濛池二都护府，阿尔泰山地区处于瑶池都督府、昆陵都护府辖内。宋辽金时期阿尔泰山黠戛斯等部都隶属于中原王朝。清朝前期、中期，阿勒泰地区都是蒙古各部的封地。

清乾隆二十六年（公元1761年），在彻底平定准噶尔部后，清朝鉴于阿尔泰山地理位置的重要性，遂在该山东麓科布多城设立参赞大臣，隶属乌里雅苏台将军，管辖以阿尔泰山为中心的蒙古高原西部及准噶尔盆地北端的额尔齐斯河流域，直至斋桑泊的近40万平方公里的广大地区。

然而，清朝中后期随着中央政权对边疆地区统治力的下降，以及外敌的不断骚扰，阿勒泰地区也不再像喀纳斯湖那样风平浪静了。这还要从科布多的沦丧说起，直到最后阿勒泰的"改区为道"，大约经历了"六部曲"。

第一部曲是俄国人对科布多部分地区的并吞。清同治八年（公元1869年）九月，中俄签订《科布多界约》，将原属科布多定边左副将军辖区的乌梁海十佐领划入俄境，科布多约10万平方公里的领土被俄国吞并。

第二部曲是清朝内部的科、塔借地争端。同治初年新疆的回民起义攻陷塔城，清廷为了及时安置塔城流民，便采取权宜之计，将科布多参赞大臣所属的阿尔泰哈巴河之地暂时借给塔城地方政府（实际塔城已被回民占领）安置流民，借的这块地方的核心地域，就是今天阿勒泰地区的前身。同治九年（1870年），克兰河沿岸修建喇嘛庙，被同治皇帝赐名为承化寺，即今阿勒泰市建城之始。以后塔城收复，科布多参赞大臣要求将先前的借地收回，但塔城方面不愿归还，不仅是因为借地上安置了大量从塔城逃来的哈萨克人，还因为塔城将借地视为防俄的前沿阵地。而科布多参赞大臣索要借地，其中一个重要原因也是要将阿尔泰山地区作为其辖区防俄的挡箭牌。可见阿尔泰山地区在防护科、塔两城的安全方面处于极为重要的地位。清廷也从拖延多年的科、塔借地问题中逐渐认识到阿尔泰山地区在解决蒙、哈民族安置问题，稳定边防安全方面具有不可忽视的作用。[1]对于科、塔双方的争执，清朝中央政府举棋不定，最后派长庚去实地勘察后把借地归还了科布多。

第三部曲是科、阿分治。长庚虽然促成了阿尔泰地区归还科布多，但对于阿尔泰以后的管理仍心存顾虑，希望朝廷能够把阿尔泰单独设官施治，以利西北边疆安全。光绪三十一年（公元1905年），清政府终于单独设阿勒泰办事大臣，驻承化寺（今阿勒泰市），科布多和阿勒泰实行分治。这是阿勒泰地区成为一级重要地方政权之始。

第四部曲是外蒙古对科布多的全部吞并。辛亥革命后，北洋政府改阿勒泰办事大臣为阿勒泰办事长官，设立阿勒泰特别区，并由中央政府直接管辖这个区域。然而，沙俄煽动外蒙古活佛哲布尊丹巴"独立"，并于1912年春天进攻科布多，并最终完全占领科布多。这样一来，阿勒泰直接暴露于沙俄和外蒙古的视野之下。

第五部曲是新疆人民保卫阿勒泰。1913年春夏之交，科阿战争爆发，外蒙古军队在沙俄支持下与阿勒泰守军展开激烈战斗，我军民同仇敌忾，终于

---

① 王希隆：《关于清末科阿分治问题的探讨》，《烟台大学学报》（哲学社会科学版）2010年第2期。

使阿勒泰免蹈科布多覆辙，落入外蒙古之手。民国著名史学家曾问吾对此评价道：

> 假如阿勒泰失守，外蒙自治领土更为广大，即俄人侵略更上一层，则阿尔泰[1]不属于新疆矣里。此是新阿当局竭力抵抗之功绩。[2]

第六部曲是阿勒泰的"改区为道"。1913年末，北洋政府与沙俄签订《中俄声明文件》及《中俄声明另件》，承认科布多被并入外蒙古。科布多的正式失陷，让阿勒泰失去了左臂，形成"孤悬新疆之外，地僻势孤"的局面。北洋政府感到鞭长莫及，难以管理，经长期与新疆地方当局协商，决定撤销阿勒泰办事长官，改由新疆地方管理。1919年，阿勒泰地区作为新疆省的阿山道划归新疆地方管辖。

阿勒泰改区为道归属新疆一事，是在外蒙古局势危急的情况下不得已而采取的保全阿勒泰地区安全的措施，从结果上看，阿勒泰最终留在了祖国的大家庭中，避免了与科布多相同的结局，"改区为道"的方略也促进了这一结果的形成。而科布多——这片美丽而富饶的土地，如今分属蒙古国、俄罗斯和哈萨克斯坦，我们只能通过界碑远远眺望了。

---

[1] 指包括阿勒泰在内的整个阿尔泰山地区。笔者注。

[2] 曾问吾：《中国经营西域史》，上海商务印书馆，1936年版，第577页。

年羹尧、兆惠、左宗棠：维护一统抚远将

清朝掌控了中国历史上面积最大的疆域。这其中的重要因素之一，是清朝对新疆的平定与有效统治。其中，以三位清朝将领为代表的十数代将臣，在维护中央政权对新疆行使主权的过程中，发挥了不可磨灭的功勋作用。

平定青海的年羹尧

年羹尧是清朝康雍年间最具争议的政治人物之一，一生大起大落，其事迹成为很多史家文人笔下的素材。年羹尧出自名门，其父年遐龄官至工部侍郎、湖北巡抚，其兄年希尧亦曾任工部侍郎，其妹是胤禛的侧福晋，胤禛（雍正）即位后被封为贵妃，其妻是宗室辅国公苏燕之女。同时，年羹尧读书很厉害，清康熙三十九年（公元1700年）中进士，选庶吉士，授职翰林院检讨。曾多次担任四川、广东乡试考官，累迁内阁学士。

康熙四十八年（公元1709年），升任四川巡抚，成为封疆大吏，这时年羹尧还不到30岁。年羹尧也没有辜负康熙帝的厚望，在击败准噶尔部首领策妄阿拉坦入侵西藏的战争中，为保障清军的后勤供给，显示出卓越才干。清初以"文"进士建立"武"功的高级官员并不多见，年羹尧便是其中的代表，因而康熙很赏识他，到康熙六十年（公元1721年），年羹尧进京入觐，康熙御赐弓矢，并升为川陕总督，成为西陲的重臣要员。

康熙六十一年（公元1722年）十一月，康熙皇帝在北京畅春园驾崩，胤禛的潜在竞争对手、掌握西北兵权的抚远大将军皇十四子胤禵被召回京，年羹尧接任抚远大将军，总揽西部一切事务，实际上成为雍正在西陲前线的亲信代理人，开始了代表他军事生涯顶点的活动——平定罗卜藏丹津的反叛。

　　罗卜藏丹津，蒙古和硕特部固始汗之孙。和硕特部是前面提到的漠西卫拉特蒙古四部之一，明朝末年和硕特部领袖固始汗进入青海和西藏地区，与黄教领袖联合建立了西藏地方政权。清朝入主中原后，固始汗和清朝政府之间关系密切，时常派使朝贡，后归附清朝，和硕特部首领也被清朝册封为王爵中规格最高的"和硕亲王"。

　　康熙五十三年（公元1714年），罗卜藏丹津承袭和硕亲王爵位，成为青海和硕特部权势最显赫的贵族。罗卜藏丹津很有政治野心，袭爵后便"阴觊复先人霸业，总长诸部"，想向其祖父固始汗那样，统一整个青海、西藏等地的和硕特蒙古部落。

　　当时，清朝政府对罗卜藏丹津的活动已经有所察觉，为了进一步削弱罗卜藏丹津的实力，清朝政府采取"众建而分其势"的策略，以进藏有功为名，对青海和硕特部其他首领进行封赏。作为亲王的罗卜藏丹津，得到的赏赐只有200两俸银和五匹缎子。不仅如此，清朝政府还命令罗卜藏丹津与其他首领共领青海和硕特右翼。这样，罗卜藏丹津不仅没有实现称王西藏的"霸

青海祁连山南麓的肥美草地

资料来源：作者拍摄

业"，反而连总领青海的职位也失掉了。

狂妄的野心和残酷的现实，使罗卜藏丹津最终走上了反叛清朝、割据分裂的道路。

雍正元年（公元1723年）八月，罗卜藏丹津在青海公开发动叛乱，胁迫青海和硕特蒙古各台吉在察罕托罗海会盟，自称"达赖浑台吉"，并强迫各台吉去掉清朝政府的封号，改用固始汗时的蒙古旧号。

雍正元年（公元1723年）十月，抚远大将军年羹尧进驻西宁，并从陕西、四川、甘肃、内蒙古等地调集大军到青海平定罗卜藏丹津叛乱。

年羹尧根据青海叛乱的形势进行了军事部署，截断叛军入藏之路，形成了对罗卜藏丹津的战略包围之势。

在清军的攻击下，叛军的据点和寺院逐个丧失，罗卜藏丹津率领叛军向西溃逃并在郭隆寺发生激战，双方伤亡甚巨。郭隆寺之战是平定罗卜藏丹津叛乱中最激烈的战役，用年羹尧的话说："自三藩平定以来未有如此大战者。"

清雍正二年（公元1724年）二月，清军分三路向柴达木罗卜藏丹津大营进剿。当清军抵达叛军营帐时，罗卜藏丹津部属尚未起床，人不及衣，马未衔勒。清军分四路发起突然袭击，叛军猝不及防，仓皇逃散，溃不成军。罗卜藏丹津见大势已去，慌忙换上妇人衣服，与妻妾随从狼狈逃往新疆，投奔准噶尔策妄阿拉布坦，此后一直住在伊犁，直到清乾隆二十年（公元1755年）清军平定准噶尔部达瓦齐叛乱后，才向清军投降，后来老死于北京。

历时十个月的罗卜藏丹津叛乱被清军平定。在整个平定战役中，虽然政令均出自雍正皇帝，但作为雍正亲任的平定叛乱前线总指挥，抚远大将军年羹尧临机决断、谋划方略，可以说为维护祖国统一立下了头功。

成功平定青海战事，雍正喜出望外，遂予以年羹尧破格恩赏，晋升为一等公；再赏给一子爵，由其子年斌承袭；其父年遐龄则被封为一等公，外加太傅衔。

此时，雍正甚至把年羹尧视为自己的"恩人"，他在上谕中这样写道：

不但朕心倚眷嘉奖，朕世世子孙及天下臣民当共倾心感悦。若稍有角心，便非朕之子孙也；稍有异心，便非我朝臣民也。[①]

清雍正二年（公元1724年）十月，年羹尧入京觐见，获赐双眼孔雀翎、四团龙补服、黄带、紫辔及金币等非常之物。十一月，又以平定卓子山叛乱之功，赏加一等男世职，由年羹尧次子年富承袭。

至此，雍正对年羹尧的宠信到了无以复加的地步，年羹尧所受的恩遇之隆，也是古来人臣罕能相比的。

然而，"日中则昃，月满则亏"。年羹尧权势日涨，对雍正帝而言，渐成尾大不掉之势。清雍正三年（公元1725年）三月，雍正朝出现了"日月合璧，五星连珠"的所谓"祥瑞"，群臣称贺，年羹尧的贺表上因一时疏忽把"朝乾夕惕"误写为"夕惕朝乾"。雍正以此为把柄开始了对"年党"的清算，将其调出西北老巢，贬任杭州将军，接着连降13级（有的说法是他最后被贬至守城军门），尽削其职爵，最后逮至京城问罪，以92款罪勒令自尽。

就这样，年羹尧结束了风云跌宕的一生。

平定准噶尔和回部的兆惠

乌雅·兆惠，生于清康熙四十七年（公元1708年），是雍正生母孝恭仁皇太后乌雅氏的族孙。兆惠不仅是皇亲，而且聪颖过人，因此23岁就被雍正皇帝委任军机处行走，补内阁中书，27岁升迁内阁侍读。此后，兆惠陆续任职兵部郎中、内阁侍读学士、盛京刑部侍郎兼摄兵部事等。

雍正晚年，地处西南边陲的四川金川地区燃起战火，土司莎罗奔攻打邻部，不听清政府裁处，清军进攻接连受挫。雍正十三年（公元1735年）八月，27岁的兆惠奉命赴金川军营督办粮运，他仔细核实了军营储粮数字，急速筹备调运所需粮草数万石至军前，出色完成了任务。战后，兆惠并没有得到提升，却被正式调到户部担任左侍郎，显然即将接任皇帝大位的乾隆，对其出色的财

---

① 《清实录·雍正朝实录》，中国社会科学网，2013年3月29日。

距金川不远的今青海和四川两省交界

资料来源：作者拍摄

务能力有了深刻印象，这为他日后获得乾隆重用奠定了很好的基础。

兆惠的主要军事成就，其实是在西域取得的。兆惠的第一件功劳是彻底平定准噶尔之乱。

清乾隆十八年（公元1753年），兆惠被派往边疆地区，终于等来了一生中最辉煌、最能够施展才干抱负为国家建功立业的机遇。

阿睦尔撒纳是准噶尔辉特部族的首领，因与达瓦齐争权失败，愤而投奔清朝，引领清军西出阳关大举远征，仅仅用了不到100天，便灭亡了自己的部族。战后，阿睦尔撒纳本以为自己会成为准噶尔部的新汗王，但没想到乾隆皇帝竟然将该部"封为四汗，俾各管其属"，他仅是其中一个汗王。阿睦尔撒纳大为不满，遂借着进京朝觐的机会中途溜走，重新树起反旗自称汗王，刚刚平定的新疆再次陷入战火，史称"阿睦尔撒纳之乱"。

正是在这样的背景下，兆惠临危受命，于乾隆二十一年（公元1756年）率孤军2000人进驻伊犁，这极大鼓舞了清朝官兵的士气，也使乾隆帝对兆惠有了进一步的认识。上谕予以嘉奖，"著封一等伯，世袭罔替"。

清乾隆二十二年（公元1757年）春天，兆惠任清军西路主帅，率军转战天山北麓，追捕逃窜各处的反叛头目，天山北麓全部平定。

同年，以定边将军兆惠为新主帅的清朝大军彻底平定了准噶尔部的反叛，叛军首领阿睦尔撒纳逃亡俄国，不久病死。随后，按照清军主帅兆惠的命令，清军对准噶尔叛乱余部追剿。由此兆惠终于彻底解决了困扰大清帝国六十余年的准噶尔问题。

兆惠的第二件功劳是平定大小和卓之乱。

乾隆二十三年（公元1758年），就在准噶尔部被清朝打得落花流水的时候，西域有一部落日益强大，其首领为小和卓霍集占，自立"巴图尔汗国"，起兵反清。

清朝派兵进剿不利，致使小和卓霍集占脱逃，他后来又煽动大和卓波罗尼都共同起兵造反。乾隆皇帝令兆惠驰往追剿。兆惠奉命，带3000余名士兵，在沙漠戈壁中长途跋涉1500余里，于乾隆二十三年（公元1758年）十月，进抵大小和卓据守的叶尔羌城下。

叶尔羌城下的黑水营围战，是清朝统一新疆过程中最为艰巨的一战。大和卓与小和卓联手，率2万余人包围了兆惠率领的3000余清军。这次围城持续了整整三个月。在极度困难的条件下，兆惠率部守城，终于在乾隆二十四年（公元1759年）等到了增援的清军。于是内外夹攻，打破了叛军的围困。这就是史上著名的黑水营之围，前后历时百日之久。

毫不夸张地说，黑水营之围是清军平定南疆的斯大林格勒战役。如果兆惠失败，那么南疆甚至整个新疆都很可能不复清帝国所有。战后，乾隆亲自撰写了一篇名为《黑水行》的诗歌来记述此役，对兆惠极尽赞美。

黑水营之围半年后，大小和卓之乱终于被清军平定，乾隆随后为兆惠举行了盛大的凯旋仪式。乾隆亲临北京良乡，"于城南行郊劳礼"，亲自为兆惠牵马，赏赐御用朝珠与良马，并和兆惠共同回城。兆惠的画像被陈列在中南海紫光阁，排在第二位，晋封一等武毅谋勇公、户部尚书、军机大臣。

乾隆二十九年（公元1764年），兆惠病逝于北京，死后备极哀荣，"赠太保，谥文襄"，乾隆皇帝亲临祭奠。到了清嘉庆元年（公元1796年），他又"配享太庙"。兆惠的儿子扎兰泰娶了乾隆皇帝的女儿和恪公主，并承袭了父亲的一等公爵。

可以说，在清朝实现对新疆的彻底统一过程中，兆惠功不可没；新疆的地缘战略价值也日益为清朝统治者所重视。正如左宗棠回顾乾隆以来西北历史时指出："重新疆所以保蒙古，保蒙古所以卫京师，西北臂指相连，形式完整，自无隙可乘。"

西定新疆的左宗棠

左宗棠是湖南湘阴人，从小就爱读书，但他不仅读儒家经典，更多是读经世致用之书，对那些涉及中国历史、地理、军事、经济、水利等内容的名著视为至宝，这对他后来带兵打仗、施政理财起了很大的作用。清道光十二年（公元1832年），左宗棠参加乡试，因"搜遗"中第（也就是主考在发榜前复阅落选的考卷，发现优异者临时补取）。但也可能是这样用光了他的好运，此后六年三次赴京会试，均不及第。

科场失意，使左宗棠不能沿着正途进入官场实现他的志向。但左宗棠的志向和才干，却早已得到了当时许多名流显宦的赏识和推崇。早在道光十年（公元1830年），年仅18岁的左宗棠拜访长沙著名务实派官员和经世致用学者贺长龄时，贺长龄即"以国士见待"。其弟贺熙龄则是左宗棠在长沙城南书院读书时的老师，对自己的这位弟子，贺熙龄非常喜爱，称其"卓然能自立，叩其学则确然有所得"，后来师生还结成了儿女亲家。赫赫有名的封疆大吏陶澍也不吝一代名臣之尊，主动提议让自己唯一的儿子娶了左宗棠的长女。

左宗棠一生最为光辉的事迹是平定新疆、收复伊犁。

清同治四年（公元1865年）初，浩罕（即早年打败了西察合台蒙古人后裔的乌兹别克人）军官阿古柏侵入喀什噶尔，后占据了天山以南及乌鲁木齐等新疆大部分地区。新疆各族人民与侵略者展开了激烈的斗争。[①]

---

① 贺萍：《新疆各民族是中华民族大家庭血脉相连的家庭成员》，《新疆日报》2018年11月16日。

左宗棠抄诗以明悠然田野之心境（藏于新疆维吾尔自治区博物馆）

资料来源：作者拍摄

对此，清政府决定采纳陕甘总督左宗棠收复新疆的建议，出兵新疆，消灭阿古柏傀儡政权，同时恢复被沙俄侵占的伊犁地区的主权。

清光绪元年（公元1875年），朝廷关于出兵收复新疆的动议，引起"海防"与"塞防"之争。李鸿章等人力主海防，以日本为主要假想敌，主张放弃塞防，将"停撤之饷，即匀作海防之饷"。左宗棠则主张海防与塞防并重，并力排异议，指出西北"自撤藩篱，则我退寸而寇进尺"，尤其招致英、俄渗透。最终光绪皇帝和慈禧太后采纳左宗棠建议，下诏授左宗棠为钦差大臣，全权节制三军，择机出塞平叛新疆。

左宗棠的总体战略是"缓进速决"。

"缓进"，就是不轻易出兵，蓄势而发。左宗棠用一年半的时间筹措军饷，积草屯粮，整顿军队，减少冗员，增强军队战斗力。即使是自己的主力湘军，也剔除空额，汰弱留强。他还规定，凡是不愿出关西征的，一律给资，遣送回籍，不加勉强。

"速决"，就是考虑国库空虚，为了紧缩军费开支，大军一旦出发，必须速战速决，力争在一年半左右获取全胜尽早收兵。

左宗棠收复新疆具体战略是先收复乌鲁木齐和北疆，再收复南疆。

光绪二年（公元1876年），左宗棠大军的前敌总指挥刘锦棠率所部各营经过数天激战，占领古牧地，歼敌近6000人。随后，刘锦棠从缴获的敌方信函中得知乌鲁木齐守备空虚，率主力迅速向乌鲁木齐挺进，并迅速克复北疆除伊犁外的所有地区。

此时，冬季来临，大雪封山，不便于大规模的军事行动，清军决定暂停进攻，进行休整，待春天到来再向南疆进军。

光绪三年（公元1877年）四月，清军经过一个冬天的修整和准备，向南疆进军。刘锦棠在向南进军途中，先后攻克达坂城、托克逊，收复吐鲁番，为彻底打败统治南疆的阿古柏创造了条件。

此时，南疆人民纷纷起义，反对阿古柏的反动统治。阿古柏见大势已去，逃至库尔勒自杀。

同年秋，清军挟连克三城余威，乘秋高气爽之际，开始部署收复南疆八城之战。

在随后的一个月内，清军驰驱1000公里，连克南疆东四城（喀喇沙尔、库车、阿克苏、乌什）。清军的破竹之势，使盘踞在南疆西四城（叶尔羌、英吉沙尔、和阗、喀什噶尔）的敌军惊恐万分，如树倒猢狲散。清军又先后收复喀什噶尔、叶尔羌和英吉沙。光绪四年（公元1878年）正月，清军最后克复和阗。

至此，新疆全境除伊犁地区外，全部收复。清军收复新疆之战取得胜利。

几年后，曾纪泽与俄方代表订立了《中俄伊犁条约》和《陆路通商章程》。沙俄归还伊犁，但仍割去了中国伊犁霍尔果斯河以西之领土，中国赔偿俄国军费900万卢布（折合白银500余万两）。

左宗棠率领清军收复新疆之战，之所以取得胜利，主要得益于两方面的原因。

一方面，左宗棠根据西北战场具体情况，提出"缓进急战""先北后南"的总方针，把粮饷的采

《中俄伊犁条约》签订后立于霍尔果斯的清代18号界碑

资料来源：作者拍摄

林则徐发配新疆惠远城（伊犁将军府驻地）戍所

资料来源：作者拍摄

运、保障和武器弹药的供应放在战略位置加以考虑，使战争准备十分充分，体现了因地制宜、打有准备之仗的原则。同时，左宗棠坐镇肃州，将前线指挥权赋予刘锦棠，从而能够根据战情的瞬息万变灵活处置，取得战场的主动权。

另一方面，是新疆各族人民的共同支持。阿古柏政权入侵新疆十二年，依仗屠刀对新疆各族人民进行野蛮的血腥统治。[1]新疆各族人民用多种方式奋起抗争。在喀什，1865年阿古柏攻入边卡时，首先起来抵抗入侵者的是喀什周围的柯尔克孜族人民。在和阗，1867年阿古柏侵略军入侵时，和阗军民自发组织起来与侵略者战斗，男女老幼一齐上阵，守城一个多月。库车的维吾尔族、回族等各族人民英勇抗敌，击毙了阿古柏的长子胡达·胡里伯克。[2]

光绪十一年（公元1885年），左宗棠在福州病故，享年73岁。朝廷极显荣恩，追赠太傅，谥号"文襄"，入祀京师的昭忠祠、贤良祠，并建专祠于湖南及他所立功的诸省。

光绪帝对左宗棠西征新疆的业绩如是评价道："朕御极后，特命督师出关，肃清边圉，底定回疆，厥功尤伟。"作为民族英雄的左宗棠确也与这样的荣恩相配，正如同另一位曾发配新疆的民族英雄林则徐所言："西定新疆，舍君莫属！"

---

① 马大正、周卫平：《新疆是多民族共同生活的大家园》，《人民日报》2019年7月22日。

② 马大正、周卫平：《新疆是多民族共同生活的大家园》，《人民日报》2019年7月22日。

第二部分

制度变迁

十、都护府的演变

"西域都护府"是广为人知的历史名词。它对维护中央政权、管理西域边陲、促进丝绸之路的发展都起到重要推动作用。然而，"安西都护府"和"北庭都护府"是怎么来的？这几个都护府之间经历了怎样的历史演变？

"都护府"的说法，最早来自西汉设立西域都护府，作为中央政府派出管理西域的地方机构。随后，都护府经过两汉、魏晋以及隋唐各朝的发展，在形式和内容上都不断发生变化，但其内核始终是不变的，即维护中央政府对西域的有效控制。

1. 西域都护府的职能及其对丝绸之路的意义

西汉在对匈奴的战争取得重大胜利后，尤其是在张骞通西域、李广利伐大宛之后，为将西域纳入自己的统治范围，和以后对匈作战创造有利条件，"自敦煌西至盐泽（今罗布泊），往往起亭。而轮台、渠犁皆有田卒数百人，置使者校尉领护，以给使外国者"[1]。

公元前60年，控制东部天山北麓的匈奴日逐王降汉，西汉统一西域。同年，设西域都护府作为管理西域的军政机构。[2]西域都护府的设立，标志着西汉开始在西域行使国家主权，新疆（西域）成为中国统一多民族国家的一个

---

① 《汉书·西域传》，中华书局，1962年版。

② 国务院新闻办公室：《新疆的若干历史问题》（白皮书），人民出版社，2019年版，第4页。

组成部分。①

西域都护府的最高军政长官是西域都护，代表西汉中央政府管辖西域，"镇抚诸国，诛伐怀集之"。此外，西域都护还负责监督乌孙、康居等国，"督察乌孙、康居诸外国动静，有变以闻。可安辑，安辑之，可击，击之"②。西域副校尉仅次于都护，又称副都护。正、副都护都由中央政府直接任命。西域都护府内处理日常军事和行政事务的属官是丞一人，司马、侯、千人各二人，其任命和撤换都由都护决定。戊己校尉③虽然可以单独开府，但实际上它也是西域都护府的一个组成部分。作为西域都护的隶属、西汉在西域设置的屯田官，戊己校尉府由"丞、司马各一人，侯五人"组成。西域都护府除了直属的伊吾司马、宜禾都尉、伊循都尉、司禾府等官吏和机构外，各城郭诸国基本上保持了原有的政权形式，其首领和各级官员都须受中央政府的任命和册封。

123年，东汉改西域都护府为西域长史府，继续行使管理西域的职权。三国曹魏政权继承汉制，在西域设戊己校尉。西晋在西域设置西域长史和戊己校尉管理军政事务。④

西域都护府的主要职能有以下几个方面⑤：

第一，从体制上保证了汉朝政府与西域诸国的关系，即中央和地方的关系。它可以代表汉朝中央政府对西域各地首领及其下属官员进行任命、册封和奖惩。

---

① 国务院新闻办公室：《新疆的历史与发展》（白皮书），国务院新闻办公室网，2003年5月26日。

② 《汉书·西域传》卷96，中华书局，1962年版。

③ 关于戊己校尉在西域政制中的位置，学界目前尚存争议，大致有三种说法，即戊己校尉隶属于西域都护说、隶属于北军说和隶属于敦煌太守说。本书倾向于隶属于西域都护说。见李蕾：《汉代戊己校尉隶属问题再探》，《淮南师范学院学报》2006年第6期。

④ 国务院新闻办公室：《新疆的若干历史问题》（白皮书），人民出版社，2019年版，第4页。

⑤ 马国荣：《西域都护府的建立及其历史作用》，《乌鲁木齐职业大学学报》1999年第2期。

表4　两汉历任西域都护一览表

时期	历任都护	备注
西域都护府 （公元前60年设立） （西汉时期）	1. 郑吉（公元前60—前48年） 2. 韩宣（公元前48—前45年） 3. 佚名（公元前45—前42年） 4. 佚名（公元前42—前39年） 5. 佚名（公元前39—前36年） 6. 甘延寿（公元前36—前33年） 7. 段会宗（公元前33—前30年） 8. 康褒（公元前30—前27年） 9. 佚名（公元前27—前24年） 10. 韩立（公元前24—前21年） 11. 段会宗（公元前21—前18年） 12. 佚名（公元前18—前15年） 13. 郭舜（公元前15—前12年） 14. 孙建（公元前12—前9年） 15. 佚名（公元前9—前6年） 16. 佚名（公元前6—前3年） 17. 佚名（公元前3—1年） 18. 但钦（公元1—13年） 19. 李崇（公元16—23年）	属官有： 副校尉，又称副都护，秩比2000石； 丞一人，掌文书； 司马二人； 千人二人
西域都护府 （东汉时期）	1. 陈睦（公元74—75年） 2. 班超（公元91—102年） 3. 任尚（公元102—106年） 4. 段禧（公元106-107年）	—
西域长史府 （东汉时期）	1. 班勇（公元123—127年） 2. 赵译（公元？—151年） 3. 王敬（公元152年） 4. 张晏（至迟公元170年在任）	西域长史秩比600石

资料来源：作者搜集自新疆维吾尔自治区博物馆

　　汉元帝时，西域都护韩宣报请汉朝政府批准，对乌孙大吏、大监等官员"赐金印紫授"。汉鸿嘉四年（公元前17年），西域都护段会宗因乌孙难栖平乱有功，封其为"坚守都尉"，对于在平乱中失职的乌孙大禄、大吏、大监，给以"夺金印紫绶，更与铜墨"的严厉处分。汉永元元年（公元89年），龟兹王尤利多纠集匈奴奴隶主贵族，妄图再度挑起事端。此时代行西域都护职的班超大败龟兹，将其废黜，改立白霸为龟兹王。①

第二，保护管辖下的西域诸国安全。西域都护府为了加强对匈奴的防范，除在西域各地驻军和重点设防外，还协助西域各地加强基层政权建设，强化反击匈奴机构和职能，如设置"击胡侯""击胡都尉""击胡君"等。在确需必要时，西域都护府可发动和征调西域各地部队，对入侵之敌，坚决予以歼灭之。

> 宣帝甘露三年（公元前51年），匈奴呼韩邪单于降汉。郅支单于劫杀汉使，西奔康居，并不断侵犯乌孙和大宛。西域诸国安全受到严重威胁。元帝建昭三年（公元前36年），西域都护甘延寿和副校尉陈汤率西域各地部队和车师屯田吏士，共四万余人，分兵两路，讨伐郅支单于。在康居郅友城（今江布尔）将其消灭，从而使西域的和平局面又继续得以保持下来。②

第三，调解西域诸国内部矛盾，帮助其稳定社会秩序。汉宣帝时，乌孙泥靡（狂王）凶残暴虐，狂王的妻子、汉朝解忧公主策划政变，刺杀狂王，致其负伤逃走。解忧公主却被困于赤谷城。西域都护郑吉得知消息后，一面率军至赤谷城解围，一面派人抚慰狂王手下，平其怒火。由于西域都护府对事端处理得当，所以乌孙国内局势复趋于平稳。③

---

① 马国荣：《西域都护府的建立及其历史作用》，《乌鲁木齐职业大学学报》1999年第2期。

② 马国荣：《西域都护府的建立及其历史作用》，《乌鲁木齐职业大学学报》1999年第2期。

③ 马国荣：《西域都护府的建立及其历史作用》，《乌鲁木齐职业大学学报》1999年第2期。

第四，西域都护府在行使各种职能的同时，还要根据汉朝中央政府的指示，组织各方面的人力，对所属西域诸国种族、政治制度、户口军备、山川物产、道里远近、风俗习惯等方面的情况，进行深入细致的社会调查，并做出详细记录，[①]对西域民俗历史文化的传承起到重要保护作用。

西域都护府对丝绸之路的意义有如下两方面：

第一，西域都护府确保了丝绸之路向西通道的安全。在西域都护府设立之前，西汉的疆域已经扩展到玉门关一带，西汉在河西走廊设立武威、张掖、酒泉、敦煌四郡并修建了亭障等防御设施。在汉宣帝前期，西汉已经控制了西域南道上的数国，西域都护府设立以后西汉完全控制了位于西域南道和北道上的西域诸国，匈奴势力被驱逐出西域。西汉在位于西域北部的车师国设立戊己校尉，统率西汉中央政府在西域的驻军以防备匈奴。因此，在西汉将西域收归中央政府之后，匈奴对汉代前期陆上丝绸之路的威胁就已经基本解除。[②]

第二，西域都护府确保了西域内部丝绸之路的通畅。西汉将西域收归中央政府之后，必然要在自己的疆域内修建道路、驿站、亭燧等设施，以便利中央政府的政令传达以及加强中央政府和地方政府往来，这对往来西汉内地和西域的使者及商旅提供了极大的便利，也确保了汉代前期陆上丝绸之路中国境内的安全畅通。[③]至此，西汉疆域内丝绸之路的安全都得到了保障，丝绸之路实现了境内的安全畅通。

---

① 马国荣：《西域都护府的建立及其历史作用》，《乌鲁木齐职业大学学报》1999年第2期。

② 孟辽阔：《西汉中期西域都护府的设立及其重要意义》，《宁夏大学学报》（人文社会科学版），2015年第6期。

③ 孟辽阔：《西汉中期西域都护府的设立及其重要意义》，《宁夏大学学报》（人文社会科学版），2015年第6期。

2. 安西都护府和北庭都护府的先后设立

唐代，中央政权对西域的管理大为加强，先后设置安西都护府和北庭都护府，统辖天山南北。于阗王国自称唐朝宗属，随唐朝国姓李。[1]

唐朝之所以设立都护府，一个重要原因是，自唐太宗年间起，唐朝先后平定了突厥、薛延陀等部，众多的边疆部族纷纷降附，唐王朝面临着如何处置众多归附民族的问题。唐太宗将治理内地的经验推广到周边，在少数民族地区列置州县，令各部首领管理本部。为管理这些州县，唐王朝又仿照汉代西域都护府的建制在民族地区设置都护府。[2]

安西都护府的设立并不是一蹴而就的，而是经历了一个较为复杂的过程。

唐贞观四年（公元630年），原属西突厥的伊吾城（今哈密）主率所属七城归顺唐朝，唐朝设西伊州（后改称伊州）。

唐贞观十四年（公元640年），唐军击败随突厥反唐的高昌麹氏王朝，于该地置西州，又于可汗浮图城（今吉木萨尔）设庭州；同年在高昌设安西都护府，治所在西州交河（今新疆吐鲁番西交河故城址），统辖高昌故地。天山以南，原为西突厥役属的各国先后归附唐朝，唐以其地设置龟兹、焉耆、于阗、疏勒四军镇，隶属安西都护府（参见第一部分《历史变迁·安西四镇》）。

唐显庆二年（公元657 年），唐军平贺鲁，在西突厥故地设置羁縻濛池、昆陵二都护府，各领都督府州若干；次年，安西都护府升为大都护府。

约半个世纪之后，为了更好地控制西突厥的广大地区，武则天于长安二年（公元702年）在庭州设置了北庭都护府（今新疆吉木萨尔北破城子），取代金山都护府，统辖天山以北地区的西突厥十姓部落诸羁縻府州，仍隶属于

---

① 国务院新闻办公室：《新疆的若干历史问题》（白皮书），人民出版社，2019年版，第4页。

② 王恩春：《从安西、北庭都护府的设置看唐朝对西域的治理》，《昌吉学院学报》2008年第4期。

安西都护府。

唐景云二年（公元711年），北庭都护府升为大都护府，与安西大都护府分治天山南北。天山以北包括阿尔泰山和巴尔喀什湖以西的广大地区归北庭大都护府统辖；天山以南直至葱岭以西、阿姆河流域的辽阔地区属安西大都护府管辖。

唐玄宗年间，唐朝又在两大都护府之上设碛西节度使，是当时全国八大节度使之一。安史之乱后北庭被回纥、吐蕃先后攻占。这一军政建制共存在八十七年（公元703—790年），它的建立强化了唐朝在天山以北的统治地位，对稳定整个西域局势起了重要作用。

安西、北庭都护府既是唐在西域的最高行政机关，又是最高军事指挥机关。其机构完善，官有定员，职有专任，所有军事民政事务都有专门机构负责。大都护府设大都护一人，主管官，从二品，唐朝高品命官，其位仅次于三公，与尚书仆射同列。大都护职责明确：招抚安置归附唐朝的各部族；维护所管辖区内的社会秩序；对付外来军事寇掠；考察所属官员治绩，论功行

安西都护府遗址——交河故城

资料来源：作者拍摄

赏，或量罪惩处。①

　　都护权大位高，责任重大，唐朝政府对其人选十分慎重。唐开元四年（公元716年）以后，朝廷通常委派宗王遥领其职。大都护以下官员，有副大都护二人，从三品；副都护二人，正四品。都护府机关直属官员有长史、司马、录事参军各一人，录事二人，以及正七品级的功、仓、户、兵、法、士等六曹参军各一人，主管机关日常事务及民政、赋税、军事、司法、人事、文秘等工作。②

　　安西、北庭都护府也都建立了完备的军事体制。

　　唐朝在西域推行的军政合一的都护府建制，其组织之系统完备、职责之明确、执行政令之统一、效果之显著，超过了以往任何朝代所设立的政权机构。它完成了保卫祖国疆域、有效管理西域的历史使命，有利于这一地区的经济开发，繁荣了丝绸之路南北道诸城镇，促进了内陆和西域文化交流。

---

　　① 王恩春：《从安西、北庭都护府的设置看唐朝对西域的治理》，《昌吉学院学报》2008年第4期。

　　② 新疆高校历史教材编写组：《新疆地方史》，新疆大学出版社，1992年版，第78页。

十一、督统政制

西汉前期，中国北方游牧民族匈奴控制了西域地区，而自公元前60年起，历代中原王朝保持了对西域的管辖。虽然历代中原王朝时强时弱，和西域的关系有疏有密，中央政权对新疆地区的管治时紧时松，但任何一个王朝都把西域视为故土，行使着对该地区的管辖权。[①]从匈奴开始到隋朝约七百年时间，历代政权是如何治理西域的？这就要从"督统政制"说起。

"督统"，即都护统领之意。这种政治制度的发展高峰是汉朝。而汉朝实行督统治理又和在这之前匈奴对西域的统治有很大渊源，并且在汉朝之后，督统的形式与内容也不断发生着变迁。因此，我们把从匈奴统治西域开始，经过汉朝制度的基本定型，再到魏晋南北朝和隋朝数百年的制度变迁过程，统称为"督统政制"。

1. 匈奴统治西域

汉朝初年，匈奴乘汉朝初建无暇北顾之机，越黄河，吞并楼烦、白羊河南王，占据了河套一带，并多次侵袭燕、代，威胁汉朝北部边境。当时，汉朝经济尚未恢复，内部也不够稳定，所以从汉高祖刘邦到汉武帝初年，汉朝对匈奴主要采取和亲政策。汉朝的和亲政策虽然取得了一定效果，但匈奴侵犯边境之事仍时有发生。

---

① 国务院新闻办公室：《新疆的若干历史问题》（白皮书），人民出版社，2019年版，第4页。

汉文帝前元三年（公元前177年），匈奴右贤王又入河套以南地区为寇，遭到汉文帝的谴责，匈奴单于"故罚右贤王，使至西方求月氏击之"。结果，匈奴不但击走了月氏，而且占领了西域，"楼兰、乌孙、呼揭及其旁二（三）十六国皆已为匈奴"。[①]

中外学者多把右贤王西击月氏的时间作为匈奴统治西域的开始。

西汉天汉二年（公元前99年），汉封匈奴降将成娩为开陵侯，率领楼兰兵攻车师。匈奴右贤王率数万骑兵救援，汉军不利只好退兵，此为汉、匈第一次争夺车师，这引起了匈奴的警惕。

匈奴为加强在西域的统治，于征和元年（公元前92年），"匈奴西边日逐王置僮仆都尉，使领西域，常居焉耆、危须、尉犁间，赋税诸国，取富给焉"。[②]

僮仆为奴隶、奴仆之意，僮仆都尉就是管理奴隶、奴仆的官员。显然，匈奴视西域诸国民众为奴仆。

僮仆都尉的设置是匈奴统治西域的一个标志，它表明匈奴开始直接统治西域。

匈奴对西域的统治，因应形势，在不同时期、不同阶段，采取了不同的形式，但总的来说是逐渐强化的。匈奴统

匈奴王金冠，又称鹰顶金冠饰，是战国时期鄂尔多斯匈奴首领的头饰（藏于内蒙古博物院，为镇馆之宝）

资料来源：作者拍摄

---

① 《汉书·匈奴传》卷94，中华书局，1962年版。
② 《汉书·西域传》卷96，中华书局，1962年版。

治西域的措施主要是七个方面：

一是定期朝会。《史记·匈奴传》说：

> 岁正月，诸长小会单于庭，祠。五月，大会茏城，祭其先、天地、鬼神。秋，马肥，大会蹛林，课校人畜。①

匈奴的三大集会，时间、地点、内容、方式各有不同，但都是为了加强单于的统治地位，强化匈奴内部的统一，是匈奴社会的一项重要政治制度。每次大会龙城除祭祀祖先、天地、鬼神以及统计人口、征收赋税以外，还要议国事。匈奴左右王、将及各部落首领是否参加大会，表示了他对匈奴单于是否支持和拥护，对匈奴的统治是否服从。《汉书·西域传》说：

> （乌孙）故服匈奴，后强盛，取羁属，不肯往朝会。②

乌孙是在匈奴的辅助和支持下，击败月氏迁居伊犁河流域的，是右贤王的属部。所以，参加龙城大会是乌孙应尽的责任。但是，乌孙强大以后，就不肯再朝会。

二是和亲。和亲不仅是中原王朝与边疆少数民族上层保持友好关系的方式，北方游牧民族政权与边疆少数民族上层也实行和亲以加强联系与控制。西汉元封六年（公元前105年），汉遣江都王刘建女细君为公主，妻乌孙王昆莫。匈奴也遣女嫁给昆莫，而且由于匈奴的势力比较大，乌孙王昆莫还以匈奴女为左夫人，位在细君公主之上。西汉本始末年，在汉朝与匈奴争夺车师的关键时刻，匈奴又以女嫁给车师新王乌贵，加强对车师的控制。所以，和亲也是匈奴统治西域的措施之一。

三是设官。西域属右贤王管辖地区，右贤王又将其置于日逐王管理之

---

① 《史记·匈奴传》卷94，中华书局，1959年版。
② 《汉书·西域传》卷96，中华书局，1962年版。

下。但在匈奴统治西域的第一阶段，并没有设置官吏。如前所述，为加强对西域的统治，匈奴于西汉征和元年（公元前92年）设置僮仆都尉，使领西域。焉耆、危须、尉犁位于天山南麓，地扼北道，背靠山谷草原，俯瞰沙漠绿洲，匈奴统治西域的僮仆都尉设置于三地之间，无疑是经过精心选择的。

四是征收赋税。匈奴设置僮仆都尉的主要目的是"赋税诸国，取富给焉"。汉匈之间爆发战争后，匈奴从汉朝获得的农产品日益减少，匈奴视西域诸国为其"府藏"，对诸国进行疯狂经济掠夺，敛税重苛。在东汉安帝永初年间（公元107—113年），北匈奴最后一次统有西域，遣使责令诸国，"备其逋租，高其价值，严以期会"。

五是纳质。西域诸国中最早纳质于匈奴的是楼兰国。

汉武帝太初四年（公元前101年），匈奴知道楼兰归附汉朝，发兵击之。于是，"楼兰遣一子质匈奴，一子质汉"[①]。

西汉本始三年（公元前71年），匈奴召车师太子军宿为质子，军宿不愿为质匈奴，逃亡焉耆其外祖父家。在北匈奴控制西域时期，西域诸国亦多被迫纳质于匈奴。东汉光武帝建武末，西域诸国中莎车王贤最强，但也不得不将其子作为人质送至北单庭。于阗王广德投降北匈奴后，被迫"以其太子为质，约岁给罽絮"[②]，接纳质子是匈奴加强统治西域的措施之一。

六是驻兵屯田。匈奴在西域的屯田时间不长，但确实是存在的。《汉书·西域传》记载，昭帝时，匈奴复使四千骑田车师。这里的"田车师"就是屯田车师。屯田的士卒有4000骑，应该说规模不小。

七是遣使监国。东汉建初元年（公元76年），班超、郭恂等出使西域，"是时于阗王广德新攻破莎车，遂雄张南道。而匈奴遣使监护其国"。"遣使监护其国"是北匈奴统治西域的临时性措施还是长期制度，尚难定论。但

① 《汉书·西域传》卷96，中华书局，1962年版。

② 《后汉书·西域传》卷28，中华书局，2000年版。

是，此前因班超在鄯善发现并火烧匈奴使者，使鄯善王下决心脱离匈奴，归附汉朝。如果再向前追溯百年，西汉昭帝元凤四年（公元前77年），傅介子得知匈奴使者自乌孙还，在龟兹"因率其吏士共诛斩匈奴使者"[1]，说明匈奴派遣使者巡查西域诸国的做法早已存在。

2. 汉朝督统下的丝绸之路

西汉神爵二年（公元前60年），匈奴虚闾权渠单于死，日逐王先贤掸争单于位失败，处境危急。在这种情况下，他率众归属汉朝。日逐王先贤掸降汉，汉朝得车师，匈奴被迫放弃西域，僮仆都尉由此罢。汉、匈第五次争夺车师，以汉朝全胜而告结束。

西汉神爵二年（公元前60年），汉朝设置西域都护府，任命郑吉为西域都护。从此，"汉之号令颁西域矣"。

西汉对西域的治理集中体现为两个要点。

一是将西域定位直属中央的郡一级区划。汉朝的都尉一职，是辅佐郡太守的郡一级军职；或有不设郡太守而专设都尉的，如西域都护就是这样。所以汉朝在统一西域之后，就把西域列入全国郡级管理，但西域在治理上并不与内地一样设置郡县。

二是对西域实行"使护"治理。不同于内地"郡县"治理的地方在于，"使护"治理指的是，特派负责某项政务为"使"；"护"者，为督统之意。

首任西域都护郑吉

资料来源：作者拍摄

---

[1] 《汉书·傅介子传》卷70，中华书局，1962年版。

所谓"督统"治理，是指以总掌大纲、军政合一、监督综理为要，在治理体制上设官置守、驻军屯田；在治理方式上施以册封授印、纳贡入质、军事统领。

除去设官置守、镇抚西域诸国（参见第二部分《制度变迁·都护府的演变》）、屯田戍防（参见第二部分《制度变迁·屯垦变迁》）等功能外，汉治西域的"督统"治理还包括如下三个方面：

一是绘制舆图、统计户口。疆域舆图、人口户籍自周秦以来，各朝历代均十分重视，由宫廷重臣掌管。汉朝在统一西域时，对舆图是十分重视的。《汉书·西域传》载，桑弘羊奏轮台驻兵屯戍时，就提议"置校尉三人分护，各举图地形"。西域都护府设立之后，诸国内属，"其土地山川、王侯、户数、道里远近翔实矣"，其疆域界限也较为明确了。

二是要求西域各属国遣子入质，贡献方物。周秦以来，中原历代王朝都有遣子入质的制度。汉朝将这个制度引入对西域的治理，要求各属国把王子

西域都护下辖戊己校尉驻地——交河故城遗址

资料来源：作者拍摄

或世子送往长安，在宫廷服务。实施这一制度的另一个意义，是汉朝政府力图通过对这些质子的影响，从长远密切与西域各国之间的关系，所以但凡在长安的各西域国家的质子，其生活待遇都比较好。

据《后汉书·西域传》记载，王莽篡汉时匈奴重新控制了西域，各国纷纷反抗匈奴，尤其是莎车国，原因就在于莎车国王曾经入质过汉朝都城长安，并且因此对汉朝有更深厚的感情基础。

三是在属地内修筑城垒、烽燧，守护交通道路。西域正是东西交通要道，且由于特定的绿洲地理条件，往来交通大多只能沿山前绿洲而行，护道便在治理中显得十分重要。汉朝通西域，通过构筑城垒、疏通道路、修建烽燧列亭等联络声势、保障交通的措施，实现对西域的综合治理。

> 《汉书·西域传》言："自贰师将军伐大宛之后，西域震惧，多遣使来贡献，汉使西域者益得职。于是自敦煌西至盐泽，往往起亭，而轮

位于今新疆库车县的古烽燧台遗址

资料来源：作者拍摄

台、渠犁皆有田卒数百人，置使者校尉领护，以给使外国者。"[1]

及至汉朝统一西域，设立都护，驻防屯守已成声势，交通保障已有体系。城垒犄角，驻屯相间；烽燧列亭，道路畅通。放眼望去，蔚为壮观。一些重要地段还设卡稽查。这也构成了汉朝治理西域的基础保障。

3. 魏晋南北朝及隋治理西域

从魏晋南北朝至隋朝四百年来中原内地各个政权对西域的治理可以看出，虽然中原割据削弱了统一西域的能力，整体上内地对西域的统一治理不如汉朝，但西域与内地的密切关系仍在继续发展。它主要表现为以下几个方面：

一是朝廷设置职官，从魏晋的西域长史、戊己校尉到隋朝的西域校尉，官职都有存在，只是名称和权限大小有所不同。

二是西域遣子入质、贡献方物，四百年间虽时有间断，但已成定制。

三是朝廷对西域的直接治理不断扩大，从北凉设高昌郡到北魏设鄯善镇、焉耆镇，隋朝设鄯善、且末、伊吾三郡，朝廷遣员直辖的地区逐步扩大并深入西域腹地。

四是历朝正史都有关于西域的专门记载，疆域舆图绘制更是日趋完善。从《魏略·西戎传》到《隋书·西域传》，都有专门论述。尤其以呈隋炀帝御览的《西域图记》最为有名，记载了两汉到隋朝以来西域的历史沿革，并绘制了各国王及庶人的服饰和容貌。

五是经过近四百年的交往，西域与内地社会发展的差距缩小，社会体制、民情、风俗已经逐步融合，使西域和内地之间的统一成为共识观念，中原王朝往往都以恢复西域一统作为流芳千古的机会。

---

[1] 《汉书·西域传》卷96，中华书局，1962年版。

北魏皇帝拓跋焘自夸，"自古帝王虽云即序西戎，有如指汗，不能控引也。朕今手把而有之，何如？"[1]

西域虽然孤悬塞外，但西域各国统治者对统一的向往却与内地一样。

高昌王认为，"夫经国字人，以保存为贵；宁邦缉政，以全济为大。先者以国处边荒，境连猛狄。同人无咎，披发左衽。今大隋统御，宇宙平一，普天率土，莫不齐向。孤既沐浴和风，庶均大化。其庶人以上皆宜解辫削衽"[2]。

商胡要求统一更为迫切。史料记载，西域商人听闻隋统一中原，即"密送诚款，引领翘首"[3]，希望隋能尽快统一西域。

①《魏书·焉耆传》卷102，中华书局，2017年版。
②《隋书·高昌传》卷83，中华书局，1997年版。
③《隋书·裴钜传》卷67，中华书局，1997年版。

十二、羁縻政制

民族区域自治制度是我国基本政治制度的重要组成部分。历史上，中央王朝对边疆民族地区的管理，也有类似于此的制度。唐朝对丝绸之路上边疆地区管理所采用的羁縻制度，是其中的重要代表。唐朝为什么要采用羁縻制度？羁縻制度的内容有哪些？它是如何促进中央和地方政权关系，进而对民族融合产生影响的？

"羁縻"是汉代以来一直沿用的一个历史政治概念，但实际在唐朝时才普遍采用，指在承认中央王朝政治主权前提下的地方民族自治，反映了对边疆多民族地区特殊性采取的一种政策上的宽容。唐朝控制西域地区之后，在这一多民族地区推行与内地郡县制度不同的军政合一、头人世袭、人丁不入编户的羁縻政策。只要是归附了唐朝的各国和各部，中央政权不仅不剥夺其原来国王或部落首领的民政、军事处置权，而且特许其职位世袭，从而形成了同汉民聚居区迥然不同的体制。

1. 羁縻政制的背景

就主观性而言，唐统治者是经过魏晋南北朝及隋近四百年的民族大融合潮流涤荡后所形成的新汉族的代表，其本身就是民族融合的典型，在一半血统是鲜卑族的唐统治者头脑中，开拓进取意识增强的同时，"贵夏贱夷"的观念已相当淡薄。

唐太宗常以己推人之心对待少数民族，如"夷狄亦人耳，其情与中夏不殊。人主患德泽不加，不必猜忌异类。盖德泽洽，则四夷可使如一家；猜忌多，则骨肉不免为仇乱"。"自古皆贵中华，贱夷、狄，朕独爱之如一，故其种落皆依朕如父母"。[①]

诸如此类的言论不胜枚举，充分表达了唐太宗较为宽容平等的民族观，正是这种较开明的态度和"四夷可使如一家"的民族观念为唐实行羁縻府州制度奠定了思想基础。

唐中原地区与周边各少数民族地区的力量对比又为羁縻府州制度的实施提供了现实的必要性。当时的民族分布格局是：唐的北方和西北方有东西突厥和回纥诸部以及西域各族，东北是奚、契丹、室韦、靺鞨、高丽等族，西部有吐蕃和南诏等蛮、獠、俚各族。其中，东西突厥雄踞漠北，力控西域，势倾中原。

面对如此局势，如何远交近攻、协调不同民族间的关系就成为唐王朝处理民族问题的重点，而羁縻府州制度正是这一思路下的必然产物。

具体来说，边疆形势的变化体现在以下两个方面：

一方面是吐蕃势力的崛起和不断壮大。在唐王朝势力于边疆地区扩张的同时，青藏高原的吐蕃王朝也迅速崛起，逐渐与唐朝形成了对抗的态势。唐贞观八年（公元634年），双方取得了联系，通过通婚、互市等，保持了友好的关系。但是，由于双方都向外扩张，唐蕃关系发生了变化，唐朝对周边民族的攻势受到遏制，打破了唐朝整体的军事战略格局，唐朝从此由战略攻势转向守势，不得不将大量行军转成镇军，与吐蕃长期对峙。

另一方面是后突厥政权的建立。唐贞观四年（公元630年），唐灭东突厥。唐永徽元年（公元650年），唐朝平阿史那车鼻部，设安北、单于两大都护府。自此以后，突厥尽为封疆之臣，"凡三十年北方无戎马警"。在唐朝宽松的边疆政策下，经过半个世纪的休养生息，突厥的势力又逐渐壮大起

---

① 《资治通鉴》卷197，中华书局，1997年版。

来，不再甘心臣属于唐，开始谋叛以期复国。再加上唐朝频繁征调突厥各部出征，引起突厥人的强烈不满。他们利用唐朝与吐蕃纠缠、无暇他顾的有利时机，不断地制造叛唐事件。唐调露元年（公元679年）十月，单于大都护府管辖下的突厥阿史那德温傅、奉职二部叛唐，"二十四州酋长皆叛应之，众数十万"①，自此叛乱持续不断。至唐永淳元年（公元682年）四月，阿史那骨笃禄再次召集亡散，重建汗国，史称后突厥汗国，试图恢复东突厥汗国旧业。

上述周边形势的变化，使唐王朝统治者必须改革新制，通过羁縻制度加强对西域的统治。

2. 羁縻政制的具体设置

唐朝内地府州基本上由朝廷统一设立，其领地、户口、官员皆有定制。但羁縻府州则不同，西域所属各羁縻府州大致有以下两种设置方式：

第一种，由朝廷直接下令设置。如濛池、昆陵二府。该二都护府都是在朝廷的直接诏令下设置的。

第二种，由朝廷派使节出访设置。

《唐会要》记载果毅、董寄生往康国，置康居都督府。又往史国，置佉沙州，以其国王为都督、刺史。"以陇州南由令王名远为吐火罗道置州县使，自于阗以西，波斯以东，凡一六国，以其王都为都督府，以其属部为州县。凡州八十八，县百一十，军、府百二十六。"②王、董二人返回长安后，所置羁縻府州由朝廷予以承认。

这样，在全国边疆形成包括安北、单于、安东、安西、北庭和安南等六大羁縻府州，代表唐朝行使民族管理权限。

---

① 原文静：《唐代羁縻府州管理体制变迁的原因探析》，《鲁东大学学报（哲学社会科学版）》2007年第2期。

② 《新唐书·地理》卷43，中华书局，1975年版。

3. 羁縻府州的制度安排

一是关于羁縻府州的任官制度。[1]唐政府设置的羁縻府州下有一套较为完备的任官制度。羁縻府州以部落划分，大者为府，小者为州。唐朝常常授予部落首领勋官称号，从品阶的高低可以看出唐朝对这个羁縻府州的重视程度。平定阿史那贺鲁叛乱后，唐朝以阿史那弥射为昆陵都护，并授左卫大将军衔，正三品；以阿史那步真为濛池都护，并授右卫大将军衔，正三品。而西域其他羁縻州地位则较低。另外，领地的大小并不决定羁縻府州的等级。如果某个羁縻府州地处边防要地，或是唐朝致力于开拓、控制的地区，唐朝政府则对其酋长委以高官，表示宠信。而一些地处偏远，唐朝无力控制，只是名义上归属的地区，即使其领地再大，也不为唐朝重视。

二是羁縻府州都督、刺史的任命方式。《新唐书·地理志》说羁縻府州"以其首领为都督、刺史，皆得世袭"。从中可看出唐朝政府尊重部落习俗，父死子代，并由唐朝政府册立，承认其继承权，借以维持部落的稳定。[2]在一些设置羁縻府州的部落，除了授予酋长都督、刺史的官号外，仍允许他们保留部落旧制。如前所述，唐朝平阿史那贺鲁后，于天山以北西突厥故地设昆陵、濛池二羁縻都护府，"以阿史那弥射为兴昔亡可汗，兼左卫大将军、昆陵都护。以阿史那步真为继往绝可汗，兼右卫大将军、濛池都护"。两位民族地方首领虽称为唐朝的大将军和都护，但仍保留了民族部落传统的"可汗"称号。由此可见，羁縻府州实行藩汉双重官制，目的在于维持部落习俗，便于统治。凡被任命为羁縻府州都督、刺史的藩部酋长，依唐朝官制发给印契、告身和笏板。

4. 羁縻府州与中央政府的制度关系

第一，都护府对羁縻府州的军事管制。唐朝政府对羁縻部落实行的管理

---

① 赵剑锋：《唐朝西域羁縻政策浅析》，《新疆职业大学学报》2011年第2期。
② 赵剑锋：《唐朝西域羁縻政策浅析》，《新疆职业大学学报》2011年第2期。

制度，都具有怀柔、安抚的性质。但因西域地区各种势力错综复杂，为了使行政管理得以有效实施，必须建立相应的军事制度。唐朝政府将羁縻府州隶属都护、都督管制下，本身就具有军事管制的性质。

都护府、都督府都掌管着不同数量的军队，或驻守于治所，或分驻于诸羁縻府州附近。以安西都护府为例，考古发现证明安西四镇与四羁縻都督府是两个概念。羁縻都督府设在其国都城内，唐朝驻军则驻在都城附近的镇城内，负责保卫和监督都城。前者是安西都护直接管辖下的军镇，后者是羁縻统治下的藩府。碎叶、于阗也有相同的记载。

第二，西域诸羁縻府州对唐朝有多项应尽义务。

一是服从军事调拨的义务。西域诸羁縻府州从设置之初，所属军队保留，如有战事，则随唐军一起行动。[①]如唐调露元年（公元679年）十月，西突厥发动叛乱，袭击安西都护府，唐朝在西域各羁縻部落酋长出兵协助下，成功镇服了西突厥的反叛。少数民族部落出兵协助唐朝征战，必须服从唐朝调遣。

二是纳税与供给军需的义务。一方面，羁縻府州虽然具有民族自治权，但仍要承担赋税，这也体现了中央政权对民族自治地拥有绝对的主权。在安西都护府，"开元盛时，税西域商胡以供四镇，出北道者纳赋轮台"[②]。另一方面，羁縻府州也要承担军需供给。《新唐书·西域传》上附焉耆传说，"武后长安时，以其国小人寡，过使客不堪其劳，诏四镇经略使禁止傔使私马，无品者肉食。"[③]傔即傔人，就是边将的随从人员。安西四镇，使节往还频繁，供给这些使者食宿马匹，是焉耆都督府对安西都护府承担的义务。

---

① 赵剑锋：《唐朝西域羁縻政策浅析》，《新疆职业大学学报》2011年第2期。

② 《新唐书·西域传》卷221，中华书局，1975年版。

③ 《新唐书·西域传》卷221，中华书局，1975年版。

人物记

玄奘、义净、鉴真：求取真经弘佛法

中国人海外求学的历史，也在"一带一路"上留下了浓墨重彩，这是不应当被遗忘的。本章人物记选取了"一带一路"上最具代表性的三段轨迹：丝绸之路北线求取佛法的玄奘、海上丝绸之路"西天取经"的义净，以及东渡日本的鉴真。

玄奘西行

玄奘幼年跟父亲学《孝经》等儒家典籍，"备通经典""爱古尚贤"，养成了良好的品德。玄奘13岁在洛阳净土寺出家，很快掌握了《涅槃论》《摄大乘论》等佛教基本经典，为日后佛学造诣的精进，奠定了良好的基础。

618年，唐高祖建元称帝，为避战乱，玄奘与兄长离开洛阳赴四川，居蜀四五年间，研习大小乘经论及南北地论学派、摄论学派各家的学说，学业大进。

唐武德五年（公元622年），玄奘在成都受具足戒，之后开始游历各地，参访名师，讲经说法。在这两年里，通过众多名师的指授，玄奘对"大小乘经论""南北地论""摄论学说"等均有了甚深的见地，在蜀中已经小有名气了。然而玄奘并没有就此满足。

武德七年（公元624年），玄奘来到了相州（今河南安阳中西部）——因为相州是当时摄论学的中心，他希望到更高的平台上继续求法。在这个过程中，玄奘发现，南北方佛学具有很大的差异，能不能把两者进行融合，形成一套新的佛学体系？大约在这个时候，天竺高僧到长安讲学，提到印度有名的高僧戒贤在那烂陀寺讲授《瑜珈论》总摄三乘之说。玄奘听说了，动了心思，自思有没有可能到那烂陀寺去求得真经，以弥合中原佛学思想的分歧呢？

玄奘不是一个想想就罢的人。唐贞观元年（公元627年），玄奘给唐太宗写了封陈表，表达了自己西行求法的愿望，但并没有获得批准。然而玄奘决心已定，"冒越宪章，私往天竺"，决定以类似于今天"偷渡"的方式，前往印度。

贞观二年（公元628年），29岁的玄奘心中怀着求得佛法真经的梦想，踏上了西行之路。途中经兰州到凉州，昼伏夜行，至瓜州，再经玉门关，越过五烽，渡流沙，备尝艰苦，抵达伊吾，至高昌国。在高昌国，玄奘受到高昌王麹文泰的礼遇。

之后，玄奘穿沙漠、爬雪山，历经风霜，行程13800余里，到达迦湿弥罗

玄奘在高昌

资料来源：作者拍摄

国（今克什米尔一带）。在迦湿弥罗国，玄奘学习梵文经典，后又到达今巴基斯坦境内。

玄奘31岁时进入印度，先后经历十多个国家，终于到达那烂陀寺，见到他仰慕已久、心心念念的高僧戒贤。玄奘在那烂陀寺五年时间，刻苦学习各类经典，成为戒贤的高徒，并被选为通晓三藏的十德之一。

在玄奘游学印度后，戒贤觉得玄奘的佛法造诣已经具备了在最高学府那烂陀寺讲经的水平，于是让玄奘在那烂陀寺这个百花齐放、百家争鸣的地方，与其他派高僧共同辩论，最终获得空前成功。

唐贞观十五年（公元641年），玄奘42岁，得到印度史上最后一个统一北印度的国王戒日王的优渥礼遇。戒日王决定以玄奘为论主，在曲女城召开佛学辩论大会，有五印18个国王、3000个大小乘佛教学者和外道2000人参加。当时玄奘讲论，任人问难，但无一人能予诘难。

然而，再大的名望也抵不过思乡之情。玄奘觉得回国的时机已经成熟，他要回到自己的故土，宣讲在印度学得的真经。

贞观十七年（公元643年），玄奘载誉启程回国，并将657部佛经带回中土。经过一年多的行程，于贞观十九年（公元645年）正月，玄奘终于抵达长安。这时，唐太宗为了辽东战役，已驻跸洛阳。当唐太宗得知玄奘回国，立即敕令在洛阳接见他，足见玄奘当时的影响力。

贞观十九年（公元645年），在唐太宗的支持下，玄奘在长安设立译经院（国立翻译院），参与译经的优秀学员来自全国以及东亚诸国。他于长安弘福寺组织译场，开始译经，其后在大慈恩寺、北阙弘法院、玉华宫等处讲法。译经讲法之余，玄奘还口授由弟子辩机执笔的《大唐西域记》，全面记载了他游学异国的所见所闻。

贞观二十二年（648年）夏，玄奘将译好的《瑜伽师地论》呈给唐太宗，并请唐太宗作序。唐太宗花一个多月时间通览这部长达百卷的佛教经典后，亲自撰写了700多字的《大唐三藏圣教序》，盛赞"玄奘法师者，法门之领袖也；仙露明珠，讵能方其朗润"，对玄奘评价极高。唐高宗李治对玄奘也十分敬重，曾撰《大唐皇帝述三藏圣教记》。一序一记，均为唐初大书法家褚遂良所书，永徽四年（公元653年）刻石立于长安慈恩寺大雁塔下，又称《雁塔圣教序》。

显庆五年（公元660年），玄奘开始翻译卷帙浩繁的《大般若经》。此经梵本计20万颂（四句为一颂，共80万句），玄奘手下的子弟有嫌数量太大，建议删除一些章节，但玄奘考虑到翻译工作的严谨性，决定不删一字。

唐麟德元年（公元664年），玄奘深感身心日衰，译出《咒五首》一卷后，病逝于长安郊外的玉华寺。

西安慈恩寺内大雁塔

资料来源：作者拍摄

玄奘是研究中国传统佛教成就最大的学者之一，又是继承印度正统佛教学说的集大成者。他不顾艰难困苦，万里迢迢去天竺寻求佛法，搜集到大量的佛教典籍，进行翻译和讲说，同时口述《大唐西域记》，不仅深远地影响了东亚文化（包括中国文化、韩国文化和日本文化）的发展，同时也为东亚文化能在世界文化中发挥积极作用打下了基础。

海上丝绸之路西天取经的义净

一说起"唐僧取经"，人人都知道玄奘三藏法师往天竺取经，历尽艰辛危难，取回大批佛经，对中国佛教贡献极大，但是大多数人都不知道唐朝的三藏法师其实不止一个。人称玄奘为唐三藏，这个尊号，其实并非玄奘一人所专有。唐代的三藏法师不少，玄奘也不是唯一的取经法师。与他同时代的唐三藏法师，还有几个也西往天竺，不过玄奘因取经功绩彪炳，为皇室尊崇而得为天下知，再加上后来《西游记》的缘故，才使玄奘三藏法师知名度最高。

其实，另外还有一位唐三藏，往天竺取经，回国后译经，其贡献不亚于玄奘法师，在当时所受皇室尊崇供奉，也无异于玄奘法师。这位被忽略的唐三藏，就是义净三藏法师。

义净幼年出家，仰慕法显、玄奘去西天取经，认为除了玄奘法师取回的经文，印度必然仍有许多未被发现的佛经宝藏仍待追寻，因此义净一心想要仿效前代高僧，西行取经。但问题是，当时唐朝对西域仍然采取封锁政策，且当年玄奘"偷渡"的路线也被封死。怎么办？

当时唐朝对外海运非常发达，义净法师决心独辟蹊径，循海道前往印度。这在当时是一个极其大胆的想法。

当时唐朝不准百姓自由出国，如果没有官员的担保，一般人是很难获准离境的。但义净获得了龚州使君冯孝诠的担保，可以说，冯使君是义净的贵人，是义净实现自己西行求法梦想的最重要支持者。①

唐咸亨二年（公元671年）十一月，义净法师已经37岁，终于登上了波斯人的商船，踏上了他海上西行之路。大约二十天以后，义净到达室利佛逝国（今苏门答腊附近）——这里地理位置十分重要，是中国通往印度的海上要道，义净在此居住了半年时间。②

咸亨三年（公元672年）左右，国王派出专船，送义净与随行弟子善行往印度。义净先到达末罗瑜国（今苏门答腊占碑埠）弘法两个月，然后北上，到达马来西亚半岛西北岸的佛教国家羯荼（今马来西亚吉打），弘法讲经四个月，深受当地唐人欢迎，很多人希望他留下来。然而，这些小成就并没有满足义净，他继续登船西航。

天有不测风云。在印度洋航行期间，他们遇到了旋风和海啸，船舶几乎沉没之时，传说义净法师开始打坐念佛，居然化险为夷。但是此行的颠簸辛苦危险，恐怕只有义净自己心中清楚。

---

① 白寿彝主编：《中国通史》（第六卷下册），上海人民出版社，2004年版，第1432页。
② 白寿彝主编：《中国通史》（第六卷下册），上海人民出版社，2004年版，第1433页。

经过楞伽岛之后，义净法师携弟子于唐咸亨四年（公元673年）二月抵达印度东部的耽摩立底国，并在此又居住了一年有余。[1]

唐上元元年（公元674年），义净法师开始参拜印度各国佛迹胜地，包括鹿野、灵鹫山等地。次年，终于到达了著名的佛教最高学府那烂陀寺，开始孜孜不倦地攻研佛典。这一待就是整整十年。

直到唐垂拱元年（公元685年），义净终于学成回国，加上路上逗留的时间，总共十二年。这期间，他搜集了梵文经藏400部、50万余颂（共200多万句），金刚座真容一幅，佛舍利200粒。后来，义净三藏法师回到广州光孝寺（当时改称为制旨寺），继续在冯孝诠的资助之下，从事译经工作。

武则天证圣元年（公元695年）夏天，义净法师北上到达洛阳，武则天敬重佛法，亲至东门外，恭迎义净三藏法师取回佛经，盛况空前。[2]61岁的义净三藏法师，被武则天尊为大唐国师，恭迎到佛授寺供养及译经。

唐先天二年（公元713年）正月，义净三藏法师圆寂，年79岁。[3]武则天敕令隆重谥尊，义净荼毗后取舍利千粒，受到武则天恭奉。义净法师可谓"赢得生前身后名"了。然而，唐武宗年间的灭佛事件，佛教寺院尽毁，义净三藏法师的舍利也下落不明。

义净法师独辟蹊径，从海路前往印度取经，前后三次赴南洋弘法，所译50万余颂佛经，对佛教在我国特别是南方的传播，产生了深远影响。义净可以说是海上丝绸之路上的"玄奘"，是开辟海上丝绸之路去往西天取经的最重要代表人物。他之所以取得这样的不凡成就，在于他的理想和坚持。正如义净诗所言："上将可陵师，匹士志难移。如论惜短命，何得满长祇。"这或许可以作为义净一生的脚注。

---

① 白寿彝主编：《中国通史》（第六卷下册），上海人民出版社，2004年版，第1433页。

② 白寿彝主编：《中国通史》（第六卷下册），上海人民出版社，2004年版，第1434页。

③ 白寿彝主编：《中国通史》（第六卷下册），上海人民出版社，2004年版，第1434页。

东渡弘法的鉴真

讲到海上丝绸之路的求法故事，除了西行求法之外，我们不应忽略的是东渡弘法。因此，鉴真是不得不提及的重要人物。

鉴真本是扬州人，幼年就受家庭的影响，对佛教产生了浓厚兴趣，14岁便出家为僧。唐开元元年（公元713年）[1]，26岁的鉴真成为扬州大明寺的大师，声名与日俱增。[2]

那么，作为扬州高僧的鉴真，又如何与日本建立了渊源？原来，日本当时缺少名僧，不能主持受戒仪式，于是提出了向唐朝聘请戒师的建议，得到了掌握实权的舍人亲王的支持。日本天平四年即唐开元二十年（公元732年），日本政府派遣青年和尚荣睿、普照跨海去唐朝学习，随遣唐使到长安，物色合适的名僧，赴日讲佛授戒。[3]经多方打探，荣睿、普照找到鉴真，邀请鉴真去日本弘法授戒。

扬州大明寺内栖灵塔

资料来源：作者拍摄

但是，当时从唐朝去日本，经常发生船毁人亡的事故，同时唐朝对私自出国限制很严，没有朝廷同意而出境，将会受到律法制裁。

鉴真深知航海的危险、朝廷律令的威严，但态度非常坚决："是为法事也，何惜身命？诸人不去，我即去耳。"[4]

---

① 公元713年十二月，唐玄宗将年号由"先天"改为"开元"。
② 白寿彝主编：《中国通史》（第六卷下册），上海人民出版社，2004年版，第1439页。
③ 白寿彝主编：《中国通史》（第六卷下册），上海人民出版社，2004年版，第1441页。
④ 白寿彝主编：《中国通史》（第六卷下册），上海人民出版社，2004年版，第1442页。

由于鉴真一行没有出国证明，便通过弟子道航的关系，得到当朝宰相李林甫哥哥李林宗的介绍信，在扬州打造海船。

一切准备就绪，正待出发之际，同行弟子道航和如海二人发生争执，互相诬告，导致行期拖延，最后被官府拒绝。第一次东渡失败了。

不久，鉴真买下一条退役的军船，雇用18名水手，准备各种佛经、佛像、佛具等，连同弟子17人，还有玉作人、画师、雕佛、刻镂、铸写等各种技艺人才85人，于唐天宝二年（公元743年）十二月启程，不料一出海就遇到大风。第二次东渡宣告失败。

第三次东渡，船开到舟山群岛附近，再遇大风，船触礁后鉴真一行在荒岛上忍饥受冻三天三夜，后被救至明州（宁波）阿育王寺安歇。第三次东渡也失败了。

第四次东渡，鉴真从朝廷管控较松的福州出发，然而当地僧众担心东渡发生危险，将鉴真行踪报告官府。这一次弄巧成拙，官府得知后，立即将鉴真追回送返扬州。第四次东渡也告失败。

前四次的失败，并没有改变鉴真的初心。他在扬州继续准备东渡物资。天宝七年（公元748年）六月，鉴真带领僧众、水手等30人在扬州出发。出长江后遇大风，船在风浪中完全失去了控制，随风浪漂泊，在海上一连漂了14天，才终于靠了岸。[1]上岸后，鉴真才知道，他们到了海南岛的振州。第五次东渡再次失败。

但是，没想到在这个地方，当地官民非常欢迎他们，于是鉴真留居在海南岛上一年有余。其间鉴真修寺造佛，登坛授戒，进一步扩大了佛法在海南的影响。

然而，在从振州重返扬州的路上，当年鼓励鉴真东渡的荣睿积劳去世、普照离鉴真北去，鉴真最得力的弟子、前五次东渡一直追随鉴真的祥彦又因病去世。

但这一系列打击和挫折并没有吓倒鉴真，反而更坚定了鉴真东渡的决

---

① 白寿彝主编：《中国通史》（第六卷下册），上海人民出版社，2004年版，第1443页。

心。天宝十二年（公元753年），日本遣唐使来到扬州，再次恳请鉴真东渡。鉴真秘密乘船至苏州黄泗浦（今张家港市塘桥镇鹿苑东渡苑内），转搭遣唐使大船。随行人众24人，其中僧尼17人。当年岁末，船队扬帆出海，历经34天[①]艰苦跋涉，途中遭遇了船队失散、触礁沉船等事故，最终抵达日本萨摩。

第六次东渡终于成功！

鉴真来到日本的消息，引起了日本朝野的震动。日本天皇孝谦即刻下旨："自今以后，传授戒律，一任和尚"，也就是把授戒的工作完全交给了鉴真。但这引起了自誓受戒派的反对。于是，鉴真在兴福寺与反对派公开辩论，折服众人舍弃旧戒。随后，鉴真在东大寺中起坛，为皇室和僧侣约500人授戒。

756年，鉴真被封为大僧都，统领日本所有僧尼，在日本建立了正规的戒律制度。然而好景不长。仅仅两年后，鉴真最主要支持者孝谦天皇在宫廷斗争中失势，被迫传位给淳仁天皇。鉴真也遭受排挤。淳仁天皇下旨，以"政事烦躁，不敢劳老"为名，解除了鉴真大僧都一职，但考虑到各方平衡，新天皇并未将鉴真"一棒打死"，而是将在宫廷斗争中败死的原皇太子的官邸赐给鉴真养老。次年，鉴真弟子在该官邸草成一寺，淳仁赐名"唐招提寺"，鉴真从东大寺迁居至此。淳仁还下旨，令日本僧人在受戒之前必须前往唐招提寺学习，使得唐招提寺成为当时日本佛教徒的最高学府。

从此，鉴真就在唐招提寺中讲律授戒。当时鉴真年事已高，健康情况每况愈下，弟子们感到有必要将鉴真奋斗一生的历史记录下来，这才有了《鉴真和尚东征传》流传于世。[②]

日本天平宝字七年（公元763年），为传播佛法奋斗了一生的鉴真，在略显潦倒中，圆寂于唐招提寺，终年76岁。然而世道轮回，764年，孝谦天皇因内部斗争又重新登基。鉴真的弟子思托、法进等人相继成为大僧都，唐招提

---

① 一说40天。白寿彝主编：《中国通史》（第六卷下册），上海人民出版社，2004年版，第1444页。

② 白寿彝主编：《中国通史》（第六卷下册），上海人民出版社，2004年版，第1446页。

寺也得以扩建，成为日本建筑史上的国宝。鉴真所开创的四戒坛，也成为天台宗之前日本佛教僧侣正式受戒的唯一场所，鉴真也被尊为日本律宗初祖。

鉴真是中国第一位到日本开创佛教律宗的大师。当时日本天皇、皇后、皇太子和其他高级官员都由鉴真授戒，皈依佛门，鉴真所著的《戒律三部经》，也刻印流传，成为日本印版的开端。

此外，鉴真还把我国中药鉴别、炮制、配方等技术带到了日本，为患者治病。但鉴真之所以被中日两国人民所共同尊敬，最主要的还是因他在日本佛教领域的开创性贡献，以及他六渡日本，屡败屡战、永不言弃的奋斗精神！

十三、军府政制

今天中国新疆与哈萨克斯坦接壤的地方，伊犁首府伊宁市东有个名为霍城的小县城，古称惠远城。很多人都不知道，这个小城自清朝中叶以后是新疆（时称西域）的军事中心，也是清朝时期整个新疆地理位置的中心。曾煊赫一时的伊犁将军府就坐落于此，它的主人——伊犁将军，统一行使对天山南北各地的军政管辖。以伊犁将军为代表的军府政制，因何而产生？它在清朝安定边疆、维护祖国领土完整的过程中发挥着怎样的作用？

军府政制在此特指清朝在新疆实行的军府制。清乾隆二十二年（公元1757年），清朝平定长期割据西北的准噶尔政权。两年后，清朝平定伊斯兰教白山派首领大小和卓叛乱，巩固了对西域各地的军政统辖。[1]在管理制度方面于乾隆二十七年（公元1762年）设立伊犁将军，统一行使对天山南北各地的军政管辖，官府驻地在惠远城（今新疆伊犁霍城县境），分设都统、参赞、办事、领队大臣管理各地军政事务。[2]伊犁将军的设立，对于巩固西北边防、抵御沙俄侵略、稳定社会秩序、发展经济和文化、加强民族团结、防止分裂割据、维护国家统一，发挥了重要的历史作用。

---

① 国务院新闻办公室：《新疆的历史与发展》（白皮书），国务院新闻办公室网，2003年5月26日。

② 国务院新闻办公室：《新疆的历史与发展》（白皮书），国务院新闻办公室网，2003年5月26日。

1. 军府制产生的历史背景

17世纪中叶,哈密、吐鲁番、库车、和阗各地为察合台汗国的子孙管辖。由于不断分裂、混战,其势力日渐衰弱。当时,在伊斯兰教中,自称穆罕默德"圣裔"的宗教首领(维吾尔语中称"和卓"),凭借宗教势力,干预政治。

清初,中央政府大举用兵西北,康熙皇帝曾三次御驾亲征,及至雍正、乾隆朝,清政府已经花费了大量人力、物力,当地降而又叛的反反复复,使西北用兵演变成了一场拉锯战,导致国家靡费颇多。特别是以阿睦尔撒纳为首的准噶尔部上层的叛乱活动接连不断,表明清廷"众建而分其势"的统治原则,虽然可能适用于藏区(参见第一部分《历史变迁·人物记 年羹尧、兆惠、左宗棠:维护一统抚远将》部分),却并不一定适宜于新疆的状况。清政府意识到仅靠羁縻手段无法维持新疆地方的统一与稳定,用兵之后必须以强有力的军事力量为后盾,才能维系其对新疆地方的有效政治控制。

早在乾隆时期,乾隆皇帝就一再要求站在"西北塞防乃国家根本"的高度上,立足久远,妥善筹划。乾隆二十三年(公元1758年)乾隆帝指出:"伊犁入我版图,控制辽阔,不得不驻兵弹压。"由此可见,清政府在新疆推行以军府制为主导的统治政策,并不是清政府的初衷,而是准噶尔和大小和卓叛乱后,清政府在统一过程中面临的客观形势的必然选择。

清乾隆二十七年(公元1762年),清政府在新疆设总统伊犁等处将军,驻惠远城。这是清政府在新疆实行军府制的开始。

军府制是清代管辖地方的一种特殊制度,集军

位于今新疆伊犁霍城县的伊犁将军府

资料来源:作者拍摄

事、行政为一体，全疆各级大臣均受伊犁将军统辖。

在行政管理方面，清政府在乌鲁木齐、巴里坤、吉木萨尔、奇台、阜康、呼图壁、玛纳斯等天山北部汉族、回族居住区实行郡县制管理；在伊犁地区和天山南部各地维吾尔族中维持当地的伯克（突厥语音译，地方官吏称号）制，但是伯克的任免权归于中央，并严格实行政教分离；对蒙古族和哈密、吐鲁番地区的维吾尔族则实行扎萨克（蒙古语音译，意为支配者）制，即册封王、贝子、公等世袭爵位。[1]

在国防军事方面，不断派遣绿营、满营、锡伯营、索伦营、察哈尔蒙古兵丁在新疆各地驻防；在边防地带、各重要地区、山川要隘、交通要道上，设台站和卡伦，派遣一部分军队进行定期或不定期巡逻。

位于今内蒙古鄂尔多斯附近的扎萨克郡王府
资料来源：作者拍摄

---

① 国务院新闻办公室：《新疆的历史与发展》（白皮书），国务院新闻办公室网，2003年5月26日。

在经济方面，广泛动员各族军民进行屯田。屯田的种类有兵屯、民屯、回屯、旗屯、犯屯等。加强与内地的经贸往来，使社会经济得到了很快的恢复。

清朝与历代中央王朝在新疆的统治是一脉相承的，是它的延续和发展。正如康熙在《康熙御制文》一集中所论："卜业周垂历，开基汉启疆。"清朝统治者想借此表明，清王朝对全国的治理与周、汉相继，是承袭前朝的业绩。从这里也可以看出，历代中央政权从来都把西域（新疆）视为中国领土不可分割的一部分。

2．伊犁将军的权职划分

伊犁将军是清代地方驻防将军之一。[1]清制，驻防将军为武职从一品，与加尚书衔的总督同级，一般由满族人担任。

伊犁将军统辖地域之辽阔、军队之众多，受其节制的军政官员之多、官职之高，在清代全国驻防将军中，甚至在边疆驻防将军中，也是独一无二的。清朝曾有伊犁将军"责任重大，视内地督抚倍之"[2]的说法。伊犁将军总揽新疆的权限，主要体现在三个方面[3]：

第一，伊犁将军节制统辖各军政区都统、参赞大臣等军政长官。军府制把全疆划分为伊犁、塔尔巴哈台、喀什噶尔、乌鲁木齐四大军政区。

伊犁军政区，"为天山南北总汇之区"。这里建有九城，移驻有2万余员携眷官兵以及从事屯田的6000多户维吾尔人。伊犁军政区是伊犁将军的直辖区，同时设有伊犁参赞大臣。

塔尔巴哈台（今新疆塔城）军政区，"西联哈萨克，北扼俄罗斯，环山带河，广袤数千里"，有土尔扈特、哈萨克等部落游牧，设参赞大臣一员，

---

① 将军以驻防地名为号，乾隆朝定制为十四员缺，即绥远将军、江宁将军、成都将军、西安将军、宁夏将军、荆州将军、杭州将军、福州将军、广州将军、盛京将军、吉林将军、黑龙江将军、乌里雅苏台将军、伊犁将军。

② 《清仁宗实录》卷208，嘉庆十四年（1809年）三月甲申，中华书局，1986年缩印本。

③ 王希隆：《关于清代新疆军府制的几个问题》，《西域研究》2002年第1期。

为塔尔巴哈台最高军政长官。

清朝新疆军府制结构表

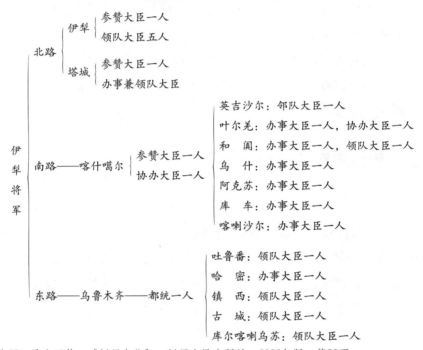

资料来源：马大正等：《新疆史鉴》，新疆人民出版社，2006年版，第58页。

喀什噶尔军政区，包括维吾尔人居住的喀喇沙尔、库车、乌什、阿克苏、叶尔羌、和阗、英吉沙尔、喀什噶尔等南八城，实行伯克官制。各城设办事大臣理诸务，统之于喀什噶尔参赞大臣。

乌鲁木齐军政区，也是移民垦区，有内地移民20余万人，设有道、府、州、县等行政机构。最高军政长官为乌鲁木齐都统。

伊犁将军"统掌新疆之军政，山北、山南皆听节制"，"为南北总统"，是四大军政区的最高军政长官。

第二，伊犁将军总揽调遣天山南北两路驻防官兵。伊犁将军设立之初，军机大臣奉命酌定其职掌成规时，即有明确说明，确立了伊犁将军总统调遣天山南北两路驻防官兵的地位和权限。从以后的有关记载来看，当新疆境内发生局部地区的起事、动乱之时，即由伊犁将军总统新疆驻军前往平定并查办起事、动乱缘由，办理善后。

第三，伊犁将军受命处理新疆与邻国之间的边贸事务。乾隆时期天山南北统一后，新疆西北毗邻哈萨克中帐、大帐二汗国和浩罕汗国。在清朝平定新疆过程中，这几国先后遣使奉表贡赴京朝觐，与清朝建立了藩属宗主关系，双方在边境地区的往来贸易也开始发展。虽然一般性交往事务可直接由各地参赞办理，但无论大小事务均由伊犁将军负总责。

3. 军府政制的历史意义

清朝平定新疆后，实行由伊犁将军统辖天山南北的军府制，在军事、政治、经济以及民族关系等方面，都取得了很好的成效。[①]

第一，把军府制统治中心设在天山北路，有利于抵御沙俄的入侵和稳定全疆的社会秩序。乾隆在给军机大臣的上谕中说："新辟疆土，如伊犁一带，距内地很远，一切事宜，难以遥制。将来屯田驻兵，当令满洲将军等前往驻扎，专任其事"[②]，并把军府制统治中心设在天山北麓的伊犁，这是有战略眼光和政治远见的。

从地理环境来看，清代新疆同沙俄的边境线最长，国防地位十分重要，使中国的北部防线最后形成横贯东西的完整体系。

从军事部署来看，由于准噶尔部曾长期在这一地区活动，新疆驻兵绝大部分集中在伊犁、乌鲁木齐两地，目的就是为了确保这一地区的社会稳定。为此，清朝从全国各地调动大批满、汉、索伦、锡伯、察哈尔等民族官兵进驻新疆，在北疆驻重兵、大兴屯田、修城筑堡，官兵总数在4万名以上。

第二，实行军府制下的多元行政管理体制，有利于调动各民族共同治理的积极性。一方面，如前所述，清朝对天山以北的蒙古族和哈萨克族牧民，

---

① 武红薇、张杰：《略论清代在新疆设置军府制的历史作用》，《石河子大学学报（哲学社会科学版）》2003年第2期。

② 转引自《西域史论丛》编辑组编：《西域史论丛》（第三辑），新疆人民出版社，1990年版，第225—233页。

以及天山以东哈密、吐鲁番地区的维吾尔族实行扎萨克制，这其中包括在平定准噶尔少数贵族及大小和卓的叛乱中立功的维吾尔首领，如额敏和卓，后被封为亲王。

至今在新疆库车县还有库车世袭回部亲王府旧址。"回部亲王"就是"维吾尔王"，统领着天山南部维吾尔族的大部。乾隆年间，在平定准噶尔及大小和卓叛乱时，统领南疆重镇库车、阿克苏、拜城三城的米尔扎·鄂对，为维护祖国统一作出了卓越的贡献。虽然他所处南疆，但乾隆皇帝仍按北疆品秩册封他为一品扎萨克达尔汗。到1949年新疆和平解放，世袭亲王共计十二代。第十二代亲王达吾提·麦合苏提，是中国最后一位王爷，于2014年去世，终年88岁，时任库车县政协副主席。

另一方面，对伊犁地区和天山南部各地维吾尔族，清朝维持当地的伯克制。清朝统治新疆前，维吾尔族中早已由各级伯克统治。据《西域图志》记载，维吾尔族中旧有伯克名目达30余种。清朝在这些地方继续沿用，并在原有的基础上进行了改革。如规定各级伯克的品级；由清政府严格控制任免升调；实行政教分离，规定伯克和阿訇不得兼任；废除伯克世袭制；伯克回避

新疆库车世袭回部亲王府旧址

资料来源：作者拍摄

本地制；限制伯克所占土地、农奴数量等。

此外，乌鲁木齐以东的地区因为汉族居民多，清朝实行与内地相同的州县。

第三，通过军府制大量迁员，屯田垦荒，有利于发展经济。伊犁将军属下的官兵很多，他们的口粮要从关内运来是不可能的，所以清朝吸取汉、唐的经验，让军队在新疆开荒种地，实行"军屯"。如乾隆二十九年（公元1764年），清朝从东北抽调1000多名锡伯族官兵迁驻伊犁（今察布查尔锡伯族自治县），开展屯田。清政府允许他们将开垦的土地作为"永世田"，永远归其使用，所以他们的积极性高、屯田的成效大。

第四，军府制有利于打击民族分裂势力维护祖国统一。19世纪20年代，大和卓波罗尼都之孙张格尔，在浩罕统治者的支持下，从帕米尔进入新疆，侵占喀什噶尔、英吉沙尔、叶尔羌、和阗四城之后，对维吾尔群众实行野蛮统治，"残害生灵，淫虐妇女，搜索财物，其暴虐甚于从前和卓千倍万倍"[1]。清政府通过伊犁将军统筹协调，调集3.6万人进剿张格尔，将塔里木盆地南缘各地全部收复。

然而，随着外部入侵势力和民族分裂势力的进一步勾结，单靠军府制确保边境安定的可能性越来越低。19世纪60—70年代，阿古柏借和卓后裔布素鲁克的名义，不断纠合民族分裂分子加入侵略队伍，沙俄乘机进兵侵占伊犁。此时，伊犁将军的力量已不足应付，清政府以左宗棠为钦差大臣督办新疆军务，率军西征，才陆续收复了中亚浩罕汗国（主要在费尔干纳盆地）阿古柏侵占的天山南北诸地，直到清光绪七年（公元1881年），清政府收复被沙俄强行占领长达十一年之久的伊犁。[2]这使清朝日益认识到军府制管理边疆的不足，也为建省政制在边疆治理的实现打开了窗口。

---

① 新疆社会科学院民族研究所：《新疆简史》（第一册），新疆人民出版社，1980年版，第291—327页。

② 国务院新闻办公室：《新疆的历史与发展》（白皮书），国务院新闻办公室网站，2003年5月26日。

十四、建省政制

晚清时期，中央政权对丝绸之路上的边疆地区管理制度的一大创举，是建省。对此，美国著名中国史学者、哈佛大学教授费正清评价道："（新疆建省）这一制度革新成了中国边疆史上的里程碑。"新疆为什么建省？新疆又为什么叫"新疆"？为什么连西方学者都称其为"里程碑"事件？

清光绪十年（公元1884年）十一月，清政府任命刘锦棠为甘肃新疆巡抚，魏光焘为甘肃新疆布政使，标志着新疆省的正式建立。"新疆"取自"故土新归"之意，自此改称西域为"新疆"。①新疆建省是中国边政史和新疆近代史上一件意义深远的重大事件。

1. 建省政制的历史背景

第一，新疆建省的酝酿，有各方面的推动，其中龚自珍、魏源等提出的建省之议殊为重要。

19世纪20年代，龚自珍在《西域置行省议》中，首次提出新疆建省问题，堪称新疆建省的奠基人。其基本构想是推行郡县制代替军府制，徙民实边，巩固国防，缓解全国人口过剩问题；变屯田为世业，使客丁成编户，革新社会制度，废除缺乏活力的兵屯经济，完成由农奴徭役制农村经济向封建

---

① 国务院新闻办公室：《新疆的若干历史问题》（白皮书），人民出版社，2019年版，第4页。

租佃制经济的过渡，把新疆建省与社会改革联在一起。①

　　至于魏源，先后撰《西北边域考》及《答友人问西北边事书》等著作，倡言新疆改设行省，并在《圣武记》中明确提出"列亭障，置郡县"之议。

　　龚自珍、魏源主张在新疆改设行省、置郡县思想的核心是开发新疆，加强新疆与内地政治、经济、文化的联系，从而巩固边防，有效抗击外国侵略。

　　第二，收复新疆失地，为新疆建省创造了有利的社会环境。清廷击败阿古柏，收复新疆失地的胜利，保卫了中国领土，粉碎了俄、英企图肢解中国的阴谋。英国的亚洲问题专家包罗杰评论说，中国人收复新疆，"毫无疑义，是一件近五十年中在中亚发生过的最值得注意的事件，同时，这是一个世纪以前，乾隆征服这个地区以来，一支由中国人领导的中国军队所取得最光辉的成就"②。新疆收复后，新疆的战略地位引起朝廷上下的高度关注。

　　光绪四年（公元1878年）三月，清廷发出谕旨："新疆地方现经次第收复，一切善后事宜，自当度势揆时，规画久远……边陲地方紧要，将材难得，现在西路大军中，如有韬略素娴，通达事理，堪膺将军、都统重任者，着左宗棠会商金顺（时任伊犁将军），确切查明，据实保奏，以备简用。"③

　　因为新疆防务直接关系到西北边疆的稳定，要维持边疆稳定，必须使边疆地区在管理体制上与内地接轨。这样，半个多世纪以前提出的新疆建省的问题被摆上议事日程。

　　第三，"善后局"的设立，为实现新疆政制的平稳过渡奠定了政治基础。在用兵南疆的过程中，总理西征军务的刘锦棠每督军收复一地，即遵从左宗棠的指示，设置"善后局"，派令军中能胜任其职的幕僚担任局员，"其大小伯克额缺，虽亦拣委署理，究竟地方应办事宜，均责成各该局员察

---

①　《新疆建省始末以及其历史意义》，凤凰网，2009年7月7日。

②　［英］包罗杰：《阿古柏伯克传》，商务印书馆翻译组译，商务印书馆，1976年版，第223页。

③　《清德宗实录》卷62，中华书局，1987年版，第68页。

看情形，秉承谭办，伹藉回目传颁教令，初未尝假以事权"。①这说明，清军建立的"善后局"，事实上行使着军事管制性质的地方临时政府职能；新疆维吾尔族原有的各级伯克只是恢复了名誉地位，未曾恢复他们过去执掌的地方民政事务大权，这就为州县制在南疆的实施作了铺垫。②

2. 新疆建省政制的制度安排

第一，政治中心东移并确定省名。由于沙俄数十年来割占我国巴尔喀什湖以东以南50余万平方公里领土，伊犁已成为边镇，失去了作为新疆军事、政治、经济中心的多方面条件，全疆行政中心不得不从伊犁东移，将省会设在迪化（今新疆乌鲁木齐）。清光绪十一年（公元1885年）四月，刘锦棠、魏光焘先后进驻省城乌鲁木齐。

"新疆"省名的来历，却与左宗棠直接有关。左宗棠在光绪八年（公元1882年）给清政府的奏议中提出了"他族逼处，故土新归"的主张。所谓"故土"，是因为自汉唐以来，西域一直是我国领土；而"新归"是因为新近从沙俄和阿古柏手中收复失地。新疆建省后，废弃了以前使用的"西域""西疆"等称呼，正式通用"新疆"之名，即

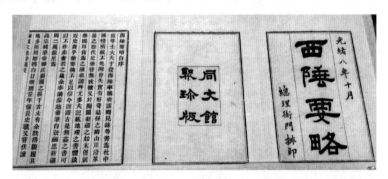

光绪八年（公元1882年），即左宗棠上书陈新疆事同年，祁韵士于道光年间编著的《西陲要略》再版发行（复制本，藏于伊犁将军府）
资料来源：作者拍摄

① （清）刘锦棠：《刘襄勤公奏稿》，载马大正、吴丰培编：《清代新疆稀见奏牍汇编（同治、光绪、宣统朝卷）》卷10，新疆人民出版社，1997年版，第318页。

② 童远忠：《新疆建省与近代新疆社会变迁》，《新疆大学学报（哲学、人文社会科学版）》2011年第7期。

"故土归新"之意。

第二，废除维吾尔族伯克制。伯克制是新疆维吾尔社会长期以来固有的政治制度，清政府对其进一步规范使各级伯克均成为清朝命官或僚吏，授予三品至九品的品级，一定程度上尊重了少数民族特别是少数民族上层的利益，通过他们以维护中央集权统治。然而，一旦中央政府统治力量削弱，或地方势力膨胀，或外来势力插足其间，地方首领往往形成割据势力，或举旗反叛造成分裂局面，危害国家的统一，损害各民族的利益。到19世纪中叶，伯克制度成为新疆地区忧患迭起、限制发展的一个重要的原因。[①]

光绪十一年（公元1885年）十月，刘锦棠以新疆巡抚身份上奏朝廷请裁伯克。在此后的两年间，刘锦棠继续委署州县官吏的同时，陆续将各城伯克大量裁撤，并于光绪十三年（公元1887年）最终彻底废除伯克制度。

新疆民族地区伯克制的废除，是维吾尔族历史上基层政权组织的一次重大变革，有助于州县制在南疆的确立。

第三，新建巡抚与原有伊犁将军的权力结构调整。刘锦棠建省方案中保留伊犁将军，故建省后新疆出现巡抚、将军并存的局面，但伊犁将军的权力逐渐被巡抚所取代。

为此，清廷曾专门下达谕旨："新疆善后防守事宜，关系紧要，刘锦棠、金顺均为朝廷所倚任，务当以国事为重，和衷共济，彼此熟商妥办，期于大局有裨，不得稍存意见，致有贻误。"[②]

为了确保巡抚的主事权力，刘锦棠提出了削夺伊犁将军原有权力，重新整顿新疆驻防制度的主张："查承平时新疆南北两路系归伊犁将军总统，乌鲁木齐都统亦兼辖镇迪一道，如设巡抚，则不但镇迪道无须都统兼辖，即将军亦勿庸总统全疆，免致政出多门，巡抚事权不一。其伊犁满营似应改照各省驻防将军营制，从新整顿，务求精实可用，庶于边防有所裨益。总之，新

---

① 童远忠：《新疆建省与近代新疆社会变迁》，《新疆大学学报（哲学、人文社会科学版）》2011年第7期。

② 《清德宗实录》卷51，中华书局，1987年版，第143页。

疆不复旧制，便当概照行省办法。"①

光绪十二年（公元1886年），库伦（今蒙古乌兰巴托）办事大臣、满洲正白旗人色楞额升任伊犁将军。当色楞额途经乌鲁木齐时，刘锦棠特意同他讨论伊犁、塔城设官事宜，体现了对伊犁将军职位应有的尊重。由于刘锦棠的"和衷会商"，比较好地处理了新疆巡抚和伊犁将军之间的关系，在一定程度上维护了边疆少数民族地区的政治稳定。②

3. 新疆建省政制的历史意义

第一，从制度上和区划上更有利于中央对新疆的治理。一方面维吾尔族伯克制的废除，使政治实权过渡到地方官员手中，为州县制在南疆的实施铺平了道路，使新疆与内地政制走上一体化轨道。另一方面将哈密、乌鲁木齐等地划归新疆巡抚管理，改变了过去陕甘总督对这些地区管理鞭长莫及的状况，结束了把新疆人划分为两部分进行管理的混乱状态。从此，新疆有了完整的建置，军政大权统归于清廷直接任命的新疆巡抚。③

第二，为其他边疆民族地区治理采取与内地一体化的制度开了先河。新疆建省及州县制的推行，原为伯克所掌握的司法权基本上被收到各级政府手中，大清律得以在新疆推行，结束了新疆与内地政制不一的局面。以新疆建省为发端，台湾于光绪十一年（公元1885年）建省，东北于光绪三十三年（公元1907年）分设为奉天、吉林、黑龙江三个省，使边疆地区政制与内地接轨，更有利于中央对边疆地区的政令一统。

第三，增强了新疆与内地的联系，有利于抵御外敌入侵，巩固西北边

---

① （清）刘锦棠：《刘襄勤公奏稿》，载马大正、吴丰培编：《清代新疆稀见奏牍汇编（同治、光绪、宣统朝卷）》卷10，新疆人民出版社，1997年版，第468页。

② 童远忠：《新疆建省与近代新疆社会变迁》，《新疆大学学报（哲学、人文社会科学版）》2011年第7期。

③ 童远忠：《新疆建省与近代新疆社会变迁》，《新疆大学学报（哲学、人文社会科学版）》2011年第7期。

防。左宗棠曾指出，新疆改设行省后，"疆索巩固，俄、英诸强邻不敢妄肆鸱张。"①新疆末任巡抚袁大化等主持纂修《新疆图志》，在评述新疆建省的伟大意义时，把保卫领土放在首位："新疆开创行省……于是军府之制一变而为郡县之制……自汉唐以来，未有建置若斯之盛也……今朝廷眷顾西陲，且议特设总督，将以保新疆者保蒙古，保蒙古者保京师。而溯其端，则自变军府为郡县，始故著其兴革。令后世得览便知世势虽殊，要之以守土为本。"②与此同时，新疆各地政府官员也由过去的以满洲八旗官员为主，变为以汉族文职官员为主，尤其是刘锦棠担任新疆巡抚，开了汉人担任边疆地区省级行政长官之先例。

费正清主编的《剑桥中国晚清史》在评述新疆建省时写道："圣彼得堡条约以后清廷采纳左宗棠的建议，于公元1884年将新疆改为行省，并任命在收复新疆中功绩卓著的年轻杰出将领刘锦棠为第一任巡抚。这一制度革新成了中国边疆史上的里程碑。"③

---

① 《左宗棠全集：书信三》，岳麓书社，2009年版，第367页。

② （清）王树枬、袁大化：《新疆图志》卷9，上海古籍出版社，1992年版，第80页。

③ ［美］费正清：《剑桥中国晚清史》下卷，中国社会科学出版社，1985年版，第115页。

十五、市舶司演变

唐代中期之后，由于安史之乱等原因，经济重心开始南移。随着对外贸易日益频繁和科学技术的进步，海上丝绸之路逐步发展起来。市舶司正是在这样的背景下出现的。经过唐、宋、元、明历朝，市舶司制度存续了近千年，从制度的时效上看，比起被西方人称为伟大制度创造的科举制度，也少不了太长时间。然而，"市舶司"这个词，今天的知名度却远不如前者。本章便是对这一悠久而又略显陌生的制度的发展及其对海上丝绸之路的重要贡献进行介绍。

中国海关制度虽起源于内地和陆路，但沿海海关制度亦有悠久的历史，这和海上交通贸易的发展分不开。早在战国时期，华北及东南沿海一带已和朝鲜、日本有一定的海上往来。华南的番禺（今广州），汉时已发展成为南方海上贸易中心，与西北的陆上丝绸之路，同为对外通商要道。但自秦汉至唐初八百年间，对海运进出口的船舶和货物人员，一般均由当地官员（郡太守或州刺史）管理。

随着海上交通贸易的进一步发展，唐朝政府为了加强对沿海出入境的海关管理，在唐玄宗即位（公元712年）之后，开始在广州设立管理海运进出境的专责海关机构——市舶司。以后宋、元、明三朝继续设立，市舶司制度延续了约1000年。

"市舶司"之名，最早见于《唐会要》。[①]市舶司官员称市舶使，宋熙宁

---

① 《唐会要》卷62，中华书局，1955年版。

元年（公元1068年）后，市舶司改称"提举市舶司"，官员称市舶提举。历代政府对市舶司官员都很重视，一般由皇帝派亲信的京官、宦官充任。

1. 唐朝市舶司设立的目的

唐王朝主要是为管理海外贸易而设市舶司的。设市舶司前，广州海外贸易无专门机构和官员管理，外商欺诈牟利，地方官贪婪侵暴。[①]而设市舶司后广州海外贸易规范有序。明末思想家顾炎武对此评价道："自唐设结好使于广州，自是商人立户，迄宋不绝，诡服殊音多流寓海滨湾泊之地，筑石联城，以长子孙。"[②]

泉州市舶司遗址

资料来源：作者拍摄

---

① 陆韧：《论市舶司性质和历史作用的变化》，《海交史研究》1988年第1期。

② （明）顾炎武：《天下郡国利病书》卷104，上海科学技术文献出版社，2002年版。

唐设市舶司的又一目的是征税。设市舶司前，海外贸易利润不为国家所得，却肥了贪官。市舶司征税之后，大量的海外贸易利润转化为国家财政收入。8世纪末，广州"广人与夷人杂处，地征薄而丛求于川市。锷能计居人之业而榷其利，所得与两税相埒"[1]。市舶收入居然与两税相等，足见收入之巨。唐乾符五年（公元878年），黄巢义军围攻广州，左仆射于琮惊呼："南海有市舶之利，岁供玑珠，如令妖贼所有，国藏渐当废竭。"[2]一语道出了市舶收入在唐王朝财政收入中占有举足轻重的地位。[3]

2. 宋朝市舶司制度的演变

有宋一代，随着海外贸易的发展，统治者为了加强中央集权和增加财政收入，先后对市舶司的官制进行了三次大的变革。

第一个时期是州郡兼领时期。宋朝建立之后，继承唐末、五代旧制，实行"州郡兼领"。宋开宝四年（公元971年），宋军攻占广州，宋太祖就任命了州郡官兼任市舶使，显示出宋太祖对市舶贸易极为留心。然而，宋太祖并非照搬唐末、五代旧制，除了州郡官兼市舶司"一把手"，另又任命"转运使司掌其事"，也就是转运使协助处理具体事务。北宋初的转运使虽然品级很低（多为六品），却是代表皇帝监督州郡；同时又负有将州郡财赋转运朝廷的重任，故又称"漕臣"。宋太祖命转运使协助州郡官管理市舶，表明了他欲将市舶大权收归朝廷，实现制衡市舶权力的愿望。

第二个时期是漕臣兼领时期。宋元丰三年（公元1080年），宋神宗主持制订了市舶法。然而，原有的市舶司机制不能有效地推行新法，这时宋神宗感到需要建立一套新的管理体系，配合法度的施行。于是，宋神宗决定不再由州郡官兼任市舶使，改以漕臣（即转运使）兼市舶使，这是宋代市舶司官制的一次重大变革。

宋神宗利用转运使专门推行市舶法，因此"漕臣兼领"不同于"州郡

---

① 《旧唐书·王锷传》卷151，中华书局，1975年版。

② 《旧唐书·郑畋传》卷178，中华书局，1975年版。

③ 陆韧：《论市舶司性质和历史作用的变化》，《海交史研究》1988年第1期。

兼领"，它不是一种地方官兼管的制度，而是向专职管理制度过渡的一种形态。在转运使主持下的市舶司是一个权力集中的机构，它不受州郡官吏的牵制，直接听命于中央，从而加强了朝廷对市舶的控制。尽管这种制度还有不少缺陷，但可以比较有效地协调各方面的关系，有利于贯彻朝廷的各项决策，排除地方官吏的侵扰，对海外贸易实行统一的管理。[①]

第三个时期是专置提举时期。宋徽宗时期继续对市舶制度进行改革，其中最重要的是改行"专置提举"制，即由朝廷派人担任专职的提举市舶，进一步将市舶司置于朝廷的直接控制之下。实际上市舶司成为中央的派出机构，故有"朝廷之外府"之称。[②]专置提举之后，市舶司的机构更加完善，职能也更加强化，形成了中央控制下的专职管理体制，标志着封建政权对市舶贸易管理专门化、正规化的基本完成，并一直延续至南宋一朝。

3. 元朝市舶司的进一步发展

宋末，泉州提举市舶的蒲寿庚携大量海舶及资财投降元军，使元军顺利占取了当时中国最大的港口——泉州，实现了对南宋的海上包抄，很快覆灭了南宋王朝。自此，元统治者就着手管理海外贸易。次年，元军便于泉州、庆元、上海、澉浦等处设市舶司。

由于元朝统治者的重视，改朝换代并没有对海外贸易产生太大影响。元朝由蒙古贵族入主中原，以落后的生产方式经营，北方土地荒芜严重，赋税收入不足国用，始终财政困难。同宋代一

从泉州市舶司遗址来看，古代市舶司的陈设布置具有浓厚的宗教色彩
资料来源：作者拍摄

① 廖大珂：《试论宋代市舶司官制的演变》，《历史研究》1998年第3期。
② 廖大珂：《试论宋代市舶司官制的演变》，《历史研究》1998年第3期。

样，设市舶司是为了增加收入。目的相同，所以元代市舶司"大抵皆因宋制而为之法焉"，具有与宋市舶司相同的性质。①

作为税收机构，元代市舶司的征税制度更加细密，对舶货区分粗、细色，按不同比例抽税。作为管理海外贸易的机构，元代制定了详尽的市舶法则，主要作用体现在两个方面：

第一，严格检视制度。元代市舶司较宋代更为重视下海船的检视，规定金银、铜钱、铁货不得下海，以防财富大量外流。同时规定了对各级官员和各等人物出海归来"巧取名分"藏匿舶货的严厉处分条例，以杜绝漏税现象，确保国家垄断海外贸易利润。

第二，强化了宋代的公凭制度。出海贸易船只，均需于市舶司领取公凭或公据，上面写明货物名件、斛数，纲首杂事、部领、艄工及往何邦何地贸易等，"不许越过他国"，并打破了前代对海外贸易的管理局限于国内的传统，将监管权力延伸到了外部，使贸易的全过程都在市舶司的监控之下，实现国家对海外贸易的垄断。②

4. 明朝市舶司功能的转变

明朝的市舶司，与宋元时期的制度功能相比发生较大变化，成为实行闭关锁国政策的有力工具。明代市舶司制度，主要执行"辨勘合、征私货、平交易"的规章办法。

勘合制度在明代用于海外贸易事务，目的在于区别外国官方与民间的贸易船舶，维持两国官方的朝贡贸易。但明正德以后，进入市舶司港口的外国船舶已超出贡舶范围，勘合制度遭到破坏。

外国朝贡船舶的货物，可以分贡品与私货两类。贡品为海外国家使节朝贡明王朝的货物，市舶司机构不能征税。而所谓私货，则是外国朝贡使节

---

① 陆韧：《论市舶司性质和历史作用的变化》，《海交史研究》1988年第1期。
② 陆韧：《论市舶司性质和历史作用的变化》，《海交史研究》1988年第1期。

古代泉州迎接"番舶"运来"番货"的场景（摄于泉州海洋交通博物馆）

资料来源：作者拍摄

随朝贡带来的贸易货物。明朝前期，市舶司对私货并没有征收进口税，而是实行了一种由官府进行的高价收买的给价收买制。因财政的原因，明正德以后，市舶司开始实行抽分制，即对私货征收进口税。

明朝正德初年，市舶司规章制度又进行了改革，与前期有显著不同。

其一，市舶司逐渐建立了一套进出口关税制度。明正德三年（公元1508年），广东市舶司开始实行抽分制，使市舶司抽分收入成为地方财政收入的重要来源之一。

其二，市舶司制度由前期严格的官方贸易性质演变到一定的民间贸易性质。[①]随着抽分制的实行，勘合制的破坏，市舶司制度的官方贸易性质遭到削弱。相反，被抑制的民间贸易性质却得到一定程度的发展。从外国方面来

---

① 陈尚胜：《论明代市舶司制度的演变》，《文史哲》1986年第2期。

说，来华贸易者，并不限于定期的贡舶，也不限于官商，只要服从市舶司的抽分，番舶、私商也可以在中国进行贸易。

纵观明代市舶司制度史，我们不难发现：明代市舶司制度在前后两个时期，发生了较大的变化，原因何在？[1]

第一，中国私人航海贸易势力直接冲击着明代市舶司制度。早在明洪武时期，海禁政策就遭到了中国私人航海贸易势力的挑战。随着这种私人航海贸易势力的发展，明王朝也进一步加强了控制，最终演变为明嘉靖时期东南沿海的"倭患"。这种斗争，直接影响着市舶司制度性质的改变。

第二，西方殖民主义者的到来，直接瓦解着市舶司制度所维系的朝贡贸易体系。16世纪伊始，葡萄牙、西班牙殖民主义者相继来到东方。其后，荷兰、英国也来到东方扩充其殖民势力。先前与明王朝保持朝贡贸易关系的南洋国家，多被其消灭或控制，直接瓦解了明王朝与海外国家的朝贡关系。

第三，东南海防压力与财政危机，迫使明朝统治者不得不修改海外贸易政策。海外朝贡商人在获取高额利润后，千方百计地寻求朝贡机会。明王朝对于这种违制朝贡，或者开恩纳贡，或者依制阻回。开恩纳贡的事例愈多，明王朝的财政负担愈重；阻回事件愈多，海外商人便集于中国沿海，寻求走私贸易，甚至是武装走私。于是，明朝统治阶级内部的一些有识之士，纷纷主张修改海外贸易政策。经过一番争论与酝酿，统治阶级不得不"用鉴前辙，为因势利导之举"，开放海禁，改变前期那种海外贸易政策。而主持海外贸易的市舶司机构，也不得不改变前期的那种规章办法。

---

[1] 陈尚胜：《论明代市舶司制度的演变》，《文史哲》1986年第2期。

亦黑迷失、郑和：海上丝路先驱者

提起中国古代航海家，人们首先想到的总是明代的三保太监、七下西洋的郑和。其实，在郑和之前一百三十多年，元代维吾尔族人亦黑迷失已经有过远航印度洋的壮举了。本章人物记将围绕这两个海上丝绸之路的先驱者展开。

维吾尔航海家亦黑迷失

亦黑迷失是元朝杰出的维吾尔族航海家，因先辈早年投归蒙古，屡立战功，亦黑迷失得以在年轻时入蒙古宫廷，成为元世祖忽必烈的宿卫。1271年，忽必烈改蒙古国为大元。次年，为昭告南海诸国已是大元天下，并希望各国来朝贡，忽必烈派亦黑迷失作为大元使者出洋访问。

忽必烈为何会派一个贴身侍卫作为出洋使者？这与元朝廷的特殊体制有关。元朝廷虽然有文武百官，但皇帝身边仍留有一群斡脱（蒙古语，意为合伙，类似于红顶商人），他们多为皇帝贴身侍卫，常常被派往海外经商，替皇族打理生意。亦黑迷失即是斡脱中的一员，二十年间为大元六下西洋。

元至元九年（公元1272年），亦黑迷失第一次下西洋，是奉忽必烈之命出使八罗孛国，即印度西南部对面阿拉伯海的马拉巴尔。亦黑迷失率领的这支规模可观的大船队，沿岸航行了两年时间。此间，大元船队停靠了南亚许多国家和地区，最后经过菲律宾群岛，于至元十一年（公元1274年）返回泉州港。这支船队回国时还带来了八罗孛国使臣向元朝廷进贡的很多珍宝。忽必烈为此颁赐金虎符特别嘉奖亦黑迷失。

至元十二年（公元1275年），亦黑迷失第二次下西洋，还是出使八罗孛国。这一次他得到了八罗孛国的充分信任，后者派出船队随亦黑迷失回访中国，忽必烈赏赐甚厚，加封亦黑迷失为兵部侍郎。

至元十八年（公元1281年），亦黑迷失第三次下西洋，是奉命招谕占城（也就是今天越南东南沿海一带），让占城臣服，成为大元控制东南亚的基地。但是占城人拒绝臣服大元，亦黑迷失奉命攻打占城，两军对阵数年，不分胜败。最终朝廷采纳亦黑迷失的意见，全军撤回。亦黑迷失奉诏还朝，忽必烈又给他派了一个新的远洋任务。

至元二十一年（公元1284年），亦黑迷失第四次下西洋，不为贸易与招谕，只为僧加剌国（今斯里兰卡）礼佛。大元对佛教的兴趣，令忽必烈产生了派使者赴僧加剌国礼佛的想法。这是一次大规模远航，船队从中南半岛、马来半岛进入印度洋，最终到达僧加剌国。归国后，忽必烈命亦黑迷失留驻泉州，随时听候调遣。

至元二十四年（公元1287年），亦黑迷失第五次下西洋，是奉命出使马八儿国（今南印度一带），航海遇逆风，行一年才到达。该国遣使臣来贡，亦黑迷失自己也购买紫檀木材献给朝廷。回国后，一次在服侍忽必烈洗澡时，元世祖问他已出海几次，他回答说四次（实际上以任务而论已是五次了）。忽必烈念他劳苦，加封他为资德大夫、江淮行尚书省左丞、行泉府太卿。值得注意的是这个泉府太卿，至元十八年（公元1281年）元朝"置泉府司，掌领御位下及皇太子、皇太后、诸王出纳金银事"，泉府派出商队从事海外贸易，最鼎盛时泉府司有海船1.5万艘。后来泉府司发展成为有海船、有军队的专门经营海外贸易的强大实体。泉府太卿为从二品，亦黑迷失从一个斡脱，变为参与管理斡脱的官员。

至元二十九年（公元1292年），亦黑迷失第六次下西洋，这一次的任务是征伐爪哇。为此忽必烈特设福建行省，"命亦黑迷失与史弼、高兴并为平章政事，将兵征爪哇，用海船大小五百艘，军士二万人"，"亦黑迷失惟熟海道，海中事当付之，其兵事则委之史弼可也"。亦黑迷失等人率大元舰队经占城，至苏门答腊，招南巫里、速木都刺、不鲁不都、八刺刺等诸小国臣服大元。

元至元三十年（公元1293年），亦黑迷失率兵攻爪哇的葛郎国，结果反被对方夹攻，征爪哇失利。为此，亦黑迷失家产被没收三分之一。不久，忽必烈得知亦黑迷失反对撤军，便宽恕了他，把没收的家产还给亦黑迷失，并授集贤院使兼会同管事。但亦黑迷失此后再未受到朝廷重用。元仁宗的时候，仁宗皇帝感念亦黑迷失为通好外国作出的贡献，封其为吴国公，不久亦黑迷失便去世了。

亦黑迷失是维吾尔族第一位航海家，同时也是中国古代第一位在政府的授权下以友好交往为目的出使南洋的航海家。他的出使，沟通了元朝和南洋诸国的联系，也加强了各国之间的文化交流和友好往来。

七下西洋的郑和

郑和少年时就跟随明成祖朱棣南征北战，是"靖难之役"的有功之臣，并被朱棣皇帝视为心腹。但是，更为重要的是郑和本人所具备的素质和条件适合于担任下西洋总兵正使一职，率领船队下西洋。

郑和懂兵法，有谋略，英勇善战，具有军事指挥才能。郑和少年时就在明军中服役，在明军中长大，后转入燕王府侍候朱棣。郑和成年后，经受了战火考验，跟着朱棣参加"靖难之役"，出生入死，转战南北，经历数次重大战役，具有实战经验。为此，朱棣皇帝才授予郑和"钦差总兵太监"军衔，将二万余名官兵交给郑和指挥。郑和下西洋中几次军事行动的成功也证明了他具有卓越的军事指挥才能。

郑和先后七次下西洋，远航西太平洋和印度洋，曾到达过爪哇、苏门答腊、苏禄、彭亨、真腊、古里、暹罗、榜葛剌、阿丹、天方、左法尔、忽鲁谟斯、木骨都束等30多个国家，目前已知最远曾达东非、红海。宣德八年（公元1433年），62岁的郑和病逝。

郑和下西洋的使命和功绩概括起来，主要包括四个方面：

一是推行和平外交，稳定东南亚国际秩序。郑和下西洋前，中国周边的国际环境动荡，东南亚地区各国相互猜疑。郑和率领船队下西洋，调解缓和各国之间矛盾，维护海上交通安全，把中国的稳定发展同周边联系起来，提高明王朝的国际威望。

二是震慑倭寇，牵制蒙元残余势力，维护国家安全。当时，明朝的安全威胁主要来自东部海上的倭寇、北方的蒙元残余势力和西北的帖木儿帝国。朱棣改变了被动防御战略，主动出机，海上方向组建了郑和舟师，震慑和打击倭寇和反明势力，并从海上实施战略包抄，对西北方向进行战略上的牵制，从而减轻明朝北部的压力。

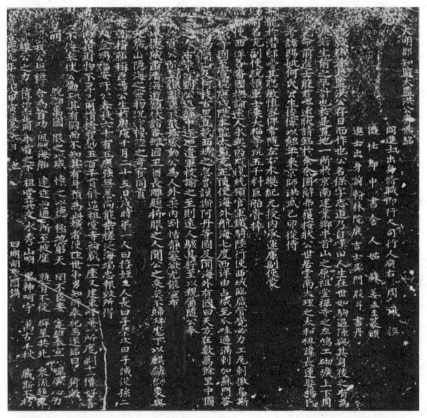

明朝藏铭上记载了郑和七下西洋的事迹（影印本，摄于泉州海洋交通博物馆）

资料来源：作者拍摄

三是发展海外贸易，传播中华文明。第一种朝贡贸易，是郑和下西洋贸易活动的基本形式，带有封建宗主国的性质，可以强化小国对明朝宗主地位的认可，达到朝贡贸易的政治目的。当时各国都积极到中国来朝贡，一方面得到明朝的庇护，一方面得到的丰厚赏赐。第二种官方贸易，是郑和下西洋的重要内容，在双方官方主持下与当地商人进行交易，是明朝扩大海外贸易的重要途径。郑和船队除了装载赏赐用的礼品外，还有中国的货物，如铜钱、丝绸、瓷器、铁器等。第三种民间贸易，这种贸易一定程度上是在郑和下西洋贸易活动的带动下出现的。它不是通过官方，而是由商人或民间自发性展开的。

四是开拓海洋事业，完成航海记录。郑和下西洋绘制的航海图，后世称为《郑和航海图》，是我国现存最早的远洋航海图，这一航海纪录的完成，比哥伦布于1492年发现美洲、达·伽马于1498年到达好望角要早半个多世纪，[①]被英国著名科学史家李约瑟称为"一幅真正的航海图"。[②]

---

① 白寿彝：《中国通史》（第九卷下册），上海人民出版社，2007年版，第1263-1264页。

② 李约瑟：《中国科学技术史》（第五卷），科学出版社，1971年版，第169页。

十六、屯垦变迁

丝绸之路上的屯垦，从公元前105年开始，至今已有二千一百多年的历史，为推动西域发展、增进民族团结、维护社会稳定、巩固国家边防作出了不可磨灭的历史贡献。从西汉、东汉，再到唐朝、明朝和清朝等各个朝代，先后在丝绸之路尤其是西域段组织各族军民进行大规模的屯垦戍边活动，而不同朝代的屯垦，无论从内容还是形式上说，既有一以贯之的东西，也有不同的地方。那么，屯垦在丝绸之路上经历了哪些变迁？

屯垦戍边，乃千古之策。屯垦戍边作为一种治边策略，其理论来源是中国历史上的农战思想和屯戍思想。最早提出"农战"说法的是战国时期的商鞅。商鞅在《商君书·农战》中说："国之所以兴者，农战也。国待农战而安，主待农战而尊。"这是我国历史上屯垦戍边思想最早的理论来源之一。

秦朝建立后，为了解除匈奴的威胁，秦王政三十三年（公元前214年），秦军收复了被匈奴控制的高阙（今内蒙古杭锦后旗东北）、阴山（今内蒙古狼山）等军事要地，并在收复地区设置郡县。秦王政三十六年（公元前211年），迁内地居民3万户到北河、榆中（今内蒙古伊金霍洛旗以北）进行屯垦，有效地遏制了匈奴的侵扰，这促进了这一地区的开发和民族融合。[1]在南方，秦王朝征服岭南越地，置南海、桂林、象郡三郡，秦王政三十四年（公元前213年），秦政府迁徙50万刑徒戍守岭南，与当地越人杂处，共同开发南

---

[1] 王连旗、包朗：《汉朝的西北屯垦战略与边疆安全》，《塔里木大学学报》2014年第4期。

方地区，加速了这一地区的民族融合，这些都是我国屯垦雏形时期的实践。

1. 两汉大兴屯垦

汉文帝十一年（公元前169年），西汉政治家晁错给汉文帝上《募民相徙以实塞下疏》，在中国历史上最早提出了屯垦戍边的理论。

晁错认为，从汉朝建立以来，匈奴不断攻掠北部边境，"小人则小利，大人则大利"，因此，防守北部边境，劝农发展经济，已成为最紧急的两件大事。若保卫边疆的兵太少，敌人就会攻入，政府若不救援，会使边民绝望降敌；若派军求援，兵少挡不住敌人，兵多从远处赶到边境，敌人早就逃走。边疆驻兵多，军费支出太大；若撤边兵，敌人又攻入。内地调到边疆的兵，每年换防，不熟悉敌人的情况，对作战不利。为了有效地保卫边防，可从内地招募犯罪的人、奴婢、农民到边疆，与边疆军人一起，平时种地，战时保边，以边疆土地供养边疆军民，以边疆军民保卫边疆安全。[①]

汉文帝采纳了晁错的主张。元封六年（公元前105年），汉武帝把细君公主嫁给伊犁河流域的乌孙王，派官兵数百人到舷雷（今伊犁河谷中）屯田。这是中央政权最早在新疆创办的屯田。

西汉实行大规模的屯田，是在汉武帝统治时期。汉武帝雄才大略，改变了汉初以来"无为而治"的战略，武力讨伐并多次打败匈奴。为巩固在西北地区的统治，太初元年（公元前104年），西汉政府"初置张掖、酒泉郡，而上郡、朔方、西河、河西开田官，斥塞卒六十万人戍田之"[②]。太初四年（公元前101年），汉将李广利伐大宛后，汉政府随即派士卒在轮台屯田。

汉宣帝时期，为了稳定西北局势，遂"遣侍郎郑吉、校尉司马憙将免刑罪人田渠犁、积谷，欲以攻车师"[③]，并最终在神爵二年（公元前60年）设置了西域都护府（参见第二部分《制度变迁·都护府的演变》），此机构

---

① 参见（汉）晁错：《募民相徙以实塞下疏》，中国人民解放军战士出版社，1974年版。

② 《汉书·匈奴传》，中华书局，1962年版，第1173页。

③ 《汉书·匈奴传》，中华书局，1962年版，第2916页。

甘肃张掖，汉武帝时期较早进行屯田之所
资料来源：作者拍摄

代表西汉中央管辖西域各国，这些史实表明了西汉屯垦西北边疆的战略是长远的。

东汉继承了西汉在西域的屯垦事业。东汉初期，汉光武帝消极经营西北地区，屯田受阻，后来东汉政府对西北地区的策略发生了变化。汉明帝时期恢复在伊吾屯田，改变了汉朝对西北地区消极统治的局面。建初二年（公元77年），汉章帝在位时期由于汉朝势力东撤，西北地区的屯田活动暂时废止。永元元年（公元89年），随着汉朝势力再入西域，屯田事业又得以恢复，东汉在西北地区的统治得以巩固。永初元年（公元107年），西北地区出现变故，东汉政府撤销西域都护和戊己校尉，屯田士卒返回内地，北匈奴残余势力乘机卷土重来。后来东汉政府为了维护西北地区的安全，任命班超之子班勇为西域长史率兵出屯柳中（今新疆鄯善县西南），西北地区屯垦事业得到一定程度的发展。另外东汉政府还在金满（今新疆吉木萨尔县北庭乡护堡子古城）、柳中、疏勒、于阗、楼兰、精绝（今新疆民丰县北尼雅古城）

等地屯田。由于东汉政府重内轻外，对统一西北地区的策略消极动摇，屯田事业也时断时续，因而规模小、人数少，成效远不及西汉。[①]

2. 唐朝以屯垦促经济发展

唐朝在西域的屯田，最初的目标是对西域进行有效屯垦开发，保障唐政府在西域的稳定管理和统治，应对突厥和吐蕃从侧翼威胁。由此，唐代的西域行政建设大都服务于屯垦戍边的总目标，在屯垦制度的大框架下进行行政建设。

唐代对西域的行政建设首先是从设立三州开始，并对遥远的边区实行不同于前代的羁縻管理，加强了西域的有效治理，保障了唐政府的政令通行（参见第二部分《制度变迁·羁縻改制》）。

唐朝对西域的屯垦活动，最显著的成效是促进了西域经济的开发。[②]

一方面，农业屯垦绩效显著。西域地区绿洲土壤肥沃，又有充足的光热资源及水源灌溉，故绿洲农业产量高，经济效益显著。农作物种类繁多而且齐全，几乎所有内地作物都能在西域生长，并且还出现了许多内地尚未栽培的作物。因此，唐朝在西域进行了大规模的屯田开发活动，主要种植的粮食作物有小麦、青稞、高粱、粟、糜、豆等，经济作物有棉、桑、胡麻、苜蓿等，水果有瓜、枣、葡萄等。此外还有南方的农作物稻米等，而且种植面积较广。

另一方面，屯垦促进商业贸易繁荣发展。唐代西域商业的繁荣是建立在西域发达的农业和手工业生产的基础之上的，并以丝绸之路为载体，形成了繁荣的商业贸易体系。西域以屯垦军镇为中心的商贸体系，成为货物、商客云集的地方。

丝绸之路沿线的西州、庭州、龟兹、于阗等地，商贸市场繁荣，从商人员

---

① 王连旗、包朗：《汉朝的西北屯垦战略与边疆安全》，《塔里木大学学报》2014年第4期。

② 张安福：《屯垦西域与唐代西北边疆安全体系的构建研究》，《宁夏社会科学》2011年第1期。

众多。从中原来此的汉人，从事商贾贩运赚利颇多，如裴伷先本系唐朝官员，因罪流放北庭，经商五年家产至数千万。中亚各地善于经商的粟特人，纷至沓来，"利之所在无不至"，并以在丝绸之路上进行贩运闻名于世。[①]

由此，唐朝对西域的屯田开发为守卫边疆、稳定社会奠定了坚实的物质基础。这些物质保障，为唐朝有力反击吐蕃、突厥等各种势力、保卫西北边疆安全和稳定西域社会秩序作出重要贡献。

3. 明朝屯垦类型与制度的多样化

明朝是经过农民战争建立起来的，战争中各个割据政权军饷的筹集成为当务之急，朱元璋采纳朱升"高筑墙、广积粮、缓称王"的建议，大兴屯田，开了明朝屯田的先河。明朝建立后，各代帝王因不同目的继续兴屯，使屯垦经济成为整个社会经济的一个重要组成部分。

明朝屯垦类型有四种：军屯、民屯、商屯和犯屯。

一是军屯。明朝军屯始于建国前明军在江阴屯田，其后，随着战争规模进一步扩大，军屯逐渐受到朱元璋的重视。军屯的设立，使战争结束后的大批军队转变为经济建设的重要力量。为使军队在屯田生产的同时能完成戍守任务，保持军队的战斗力，规定"京卫旗军七分下屯，三分守城"。这种七三屯守的制度曾保持了相当长的一段时期，直到明中期，随着瓦剌的不断南下才有所改动。"（明）景帝时，北方多事，令兵分两番，半耕半守"，加强了军队的守卫职能。[②]

二是民屯。明朝初年，长期的战争造成大量土地荒芜和人民流离，这既不利于经济恢复，也不利于社会稳定。为了发展农业生产和安置流民，朝廷组织了大批的民屯。北部边境的民屯，增加了这些地区的人口，加快了经济的发展，便于戍边军队筹集部分军粮，同时屯民时常进行军事训练，成为戍

---

① 张安福：《屯垦西域与唐代西北边疆安全体系的构建研究》，《宁夏社会科学》2011年第1期。

② 转引自岳廷俊、其格：《明朝屯垦经济初探》，《新疆社科论坛》1999年第2期。

边军队重要的辅助力量和后备力量。[①]

三是商屯。当时不少商人从内地运粮到边镇，缴粮得"引"（类似于"凭证"），然后回江淮凭"引"领盐而贩之获利。这样虽然政府利用商人之力省朝廷军粮运费，但商人却极为麻烦，且贩盐本高，后来商人在边境直接招民屯垦，将其收获就地缴官仓而得盐"引"，于是在边境地区出现了商屯。[②]

四是犯屯。明太祖朱元璋时期，为了充分利用罪犯发展经济，朝廷又组织了犯屯。"洪武八年二月，宥杂犯死罪以下及官犯私罪者，谪凤阳输作屯种赎罪"，其人数上万。[③]

明朝屯田虽有军屯、民屯、商屯和犯屯四种，但以军屯为主，其余均为次要。

明朝屯垦的制度结构，也与前朝颇有不同。民屯的高级管理机构为司农司，基层组织为里社。司农司的职能是"验其丁力，计亩给之，毋许兼并"。里社制仿元朝，河北诸州土著以社分里甲，即社下设里甲，外地移民屯垦，以屯分里甲，即以所屯之地设里甲，由此将屯民严密地组织起来。[④]

4. 清朝屯垦的军需保障功能

清朝时，新疆的屯垦进一步完善。特别是清乾隆时期开放嘉峪关，允许内地农民到新疆来开荒、商人到新疆来经商。大批汉族农民和商人涌入新疆，经营农业，开展贸易。尤其是天山以北，汉族农民开荒种地，出现了许多新农业区。清政府在政策上为了鼓励内地农民到新疆屯田落户，采取了一些措施：包括允许北疆屯田士兵移家居住；直接迁移内地穷苦农民到新疆屯田；允许一部分发配新疆服罪的犯人携家带口，增加新疆的屯田力量等。

清朝的屯田，具有以下几个特点：

[①] 转引自岳廷俊、其格：《明朝屯垦经济初探》，《新疆社科论坛》1999年第2期。

[②] 转引自岳廷俊、其格：《明朝屯垦经济初探》，《新疆社科论坛》1999年第2期。

[③] 转引自岳廷俊、其格：《明朝屯垦经济初探》，《新疆社科论坛》1999年第2期。

[④] 转引自岳廷俊、其格：《明朝屯垦经济初探》，《新疆社科论坛》1999年第2期。

第　，屯田因战而设。清康熙年间，新疆屯田区主要在哈密、鄯善一带，完全是为军事服务。清乾隆年间，清政府平定准噶尔和大小和卓之乱后，在巴里坤、济尔马台、乌鲁木齐、罗克伦、马纳斯、安济哈雅以及南疆等地建立屯田区。

第二，屯田类型的多样化。当时新疆建立的六种屯田形式，即营屯、旗屯、户屯、回屯、商屯、犯屯，也是在明朝屯田基础上发展起来的。营屯即兵屯，由军官直接指挥生产。清乾隆二十三年（公元1758年）在吐鲁番地区的屯田，就是"将绿营兵丁派令屯田，交与副将督率管辖"[1]。旗屯是将田地分给满族八旗兵丁及其家属屯种。户屯是招民屯垦，由地方政府管辖。回屯是包括回族和维吾尔族在内的少数民族从事的屯田生产。清朝先后将天山以南的6000多维吾尔族农民迁到伊犁，在果子沟下的平原上屯田。因为这些人信仰伊斯兰教，所以叫回屯，维吾尔语把种田人称塔兰奇。商屯和犯屯形式同明朝的这两种形式相比没有什么变化。

第三，粮草军需的保障功能，实现了自给自足。如伊犁一带驻兵3000名，每年参加屯田生产者1500名，通常年收粮4.2万余石，遣犯屯田年纳粮2000余石，回屯纳粮9万余石，再加上各仓羡余3000余石，每年共收13.7万余石。伊犁军屯、民屯区地租，可以解决百分之八十七的军粮，再加上其他形式的屯田收成，伊犁屯田区生产的粮食可自给有余。[2]

要言之，作为中国几千年开发和保卫边疆的历史遗产，屯垦戍边一直延续到今天。1949年新疆和平解放，1954年中央人民政府决定在新疆成立生产建设兵团。这是符合中国国情和新疆实际的战略举措，也是历史经验在新的历史条件下的继承和发展。[3]无疑，在任何时代，屯垦戍边都为推动新疆发展、增进民族团结、维护社会稳定、巩固国家边防作出了不可磨灭的历史贡献。

---

① 乌廷玉：《清朝屯田》，《史学集刊》1996年第4期。

② 乌廷玉：《清朝屯田》，《史学集刊》1996年第4期。

③ 国务院新闻办公室：《新疆生产建设兵团的历史与发展》（白皮书），国务院新闻办公室网，2014年10月5日。

交河城　柳吕

姑墨　轮台　楼兰　敦煌

小谷城　延城　伊吾

温宿　屯泥　屏昌壁

疏勒　莎车　开泥

渴槃陀　呼臕　于阗　贝末

扦弥

第三部分

历史事件

十七、"三绝三通"

什么是"三绝三通"？它对丝绸之路早期的发展、民族间的融合起到怎样的推动作用？为什么它对祖国江山一统有着重要意义？

"三绝三通"是指西汉末年到东汉初年三次从西域撤退，又三次统一西域的曲折经历，反映了统一局面的来之不易，说明了东汉王朝对西域的经营虽然在一定时期内时断时续，但最终西域归于一统，由中央政权所统辖。这一历史事件的进程，更加证明了在中国统一多民族国家的历史演进中，新疆各族人民同全国人民一道共同开拓了中国的辽阔疆土，共同缔造了多元一体的中华民族大家庭；中国多民族大一统格局，是包括新疆各族人民在内的全体中华儿女共同奋斗造就的。①

1. "一绝"与"一通"

始建国元年（公元9年），两位使者来到漠北单于王庭，告知匈奴人汉朝已被新朝所取代，安汉公王莽当上了新皇帝，特给单于送来一颗新的金印，同时收回旧印。匈奴单于愿同汉廷和好，交出了"匈奴单于玺"，次日却发现新印的刻文为"新匈奴单于印"，大为恼火，当即向使者索取旧印。而旧印却在前夜被砸得粉碎了。

匈奴单于为何看到新印大发雷霆？原来汉奉秦制，只有皇帝的印才能称

---

① 国务院新闻办公室：《新疆的若干历史问题》（白皮书），人民出版社，2019年版，第4页。

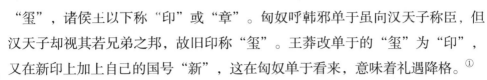

"玺"，诸侯土以下称"印"或"章"。匈奴呼韩邪单于虽向汉天子称臣，但汉天子却视其若兄弟之邦，故旧印称"玺"。王莽改单于的"玺"为"印"，又在新印上加上自己的国号"新"，这在匈奴单于看来，意味着礼遇降格。①

王莽颁发新印，降格匈奴单于的政治地位，引发了与匈奴的交兵，西域各国也纷纷倒向匈奴。始建国二年（公元10年），天山东麓车师后王首先投降匈奴，与匈奴联合，共同对付王莽军；始建国五年（公元13年），西域焉耆王杀西域都护但钦，起兵反对王莽，西域各地先后响应；与此同时，汉朝驻屯西域的官员也不满王莽篡位，纷纷响应，连戊己校尉也率部投奔匈奴。接着，河西、陇东地区的官员也加入到反对王莽政权的行列中。西域地区再次为匈奴所控制，丝绸之路完全断绝。

概言之，西汉末年，王莽改制造成中央政权不稳定，由此引发西域叛乱。北匈奴乘机崛起，逐渐控制西域要道，此时中央政权无力西顾，匈奴遂断绝西域丝绸之路的交通，造成了丝绸之路的"一绝"。

王莽政权倒台后，汉光武帝刘秀一统天下。他在位时期，西域诸国屡屡派遣使节请求内属，并请恢复西域都护设置。

汉建武十七年（公元41年），莎车王贤派遣使者请求东汉在西域恢复都护府建置，以使西域各国在政治上有所依靠。光武帝权衡后，"赐西域都护印绶"给莎车王贤，委任其代行西域都护之权。不久，敦煌太守裴遵上书，认为"夷狄不可假以大权，又令诸国失望"，极力反对朝廷的这一举措。于是光武帝改弦更张，重新赐封莎车王贤为汉大将军，并强迫莎车王使者交回西域都护印绶。东汉王朝政策的朝令夕改，影响了莎车王对东汉王朝的态度。莎车王从此有意脱离东汉王朝而图谋称霸西域，从而加剧了西域的动荡。

汉建武二十二年（公元46年），西域诸国再次请求派遣王子到东汉为人质，期望得到东汉王朝的庇护，而光武帝却认为"今使者大兵未能得出，如诸国力不从心，东西南北自在也"，拒绝了西域诸国的恳请。

---

① 陈宇宏：《三绝三通》，《西部大开发》2015年第3期。

光阴荏苒，又过了二十多年，到了汉永平十五年（公元72年），针对北匈奴不断南侵的紧张态势，东汉王朝紧急磋商抗击匈奴的万全良策。驸马都尉耿秉认为："唯有西域，俄服内属，其势易乘也……先击白山，得伊吾，破车师，通使乌孙诸国以断其右臂……然匈奴可击也"，建议明帝以西域为突破口，彻底解决匈奴问题，得到了明帝及朝廷诸多大臣的赞同。

汉永平十六年（公元73年），耿秉、窦固等领兵出击匈奴呼衍王于天山，并向西挺进抵达蒲类海，攻取了伊吾之地。初战取得胜利后，东汉王朝在伊吾设置宜禾都尉，留驻将士屯垦戍守。

为进一步驱逐匈奴在车师前、车师后王国的势力，加强汉与西域各国在政治上的联系，打通西域南道，东汉政府派班超出使西域，这才有了后来班超收复鄯善、于阗、疏勒的事迹，并促使东汉政府重新设置西域都护及戊己校尉。同时，东汉开始在河西走廊的关键地带屯田，整修道路，修筑要塞。西域与汉的联系中断六十多年之后重新建立了起来，西域各国再次臣属汉朝，第一次复通实现。史书记载："西域自绝六十载，乃复通焉。"这就是丝绸之路的"一通"。

2. "二绝"与"二通"

汉永平十八年（公元75年），汉明帝去世，西域形势发生逆转。北匈奴左鹿盆王趁机统率本部精骑，包围了驻守在天山北麓的汉军；与此相呼应，亲近匈奴的龟兹、焉耆等国也在天山南麓发动攻势，先后攻陷了柳中和高昌壁，汉将关宠与西域都护陈睦全军覆没。

汉章帝继位后，对于如何应对西域困境，面临两种选择：一是出兵北匈奴，平定西域叛乱；二是撤回西域军力，放弃西域。汉章帝选择了后一种意见，下诏撤回了在西域的戍守驻军。于是，汉军在伊吾的屯田部队撤回，北匈奴趁机进占伊吾。汉与西域交通再次中断。此为丝绸之路的"二绝"。

新疆喀什噶尔古城

资料来源：作者拍摄

　　虽然如此，汉朝派驻西域的各级官吏并未因此完全撤尽。特别是驻守天山南部的班超，在疏勒、于阗王侯及臣民的挽留下，在撤退途中重新返回驻地，继续留在西域。班超的留驻对东汉王朝第二次统一西域发挥了重要的作用。

　　汉永元六年（公元94年），班超又联合龟兹、鄯善等8个国家，出兵7万人，征讨焉耆，很快攻陷其国，诛杀其国王。他在这里驻守了半年，帮助焉耆另立新王，稳定局势，至此"西域五十余国悉皆纳质内属焉"，丝绸之路南北两道均畅通无阻。此后，西域50多个国家纷纷向东汉纳质称臣，更远如条支、安息等国也加强了与东汉的往来。

　　永元九年（公元97年），班超派甘英出使大秦，虽只到达波斯湾便返回，但进一步促进了东汉的国际交往，使东汉政府的政治影响扩展到了中东地区。正当甘英寻找大秦之际，大秦也在寻找中国，希望能直接从中国得到丝绸。然而安息商人为了独占丝绸之路的中转贸易，不希望中国和大秦有直接贸易往来。大秦使团和商队无法经过安息陆路直接到达中国，大秦的商品只有通过安息才能转运到东方，中国的丝绸也只有通过安息才能转售给大秦。为了改变这种局面，大秦商人利用印度洋的季风，开辟了由当时大秦统治下的埃及亚历山大港经海路通往中国的通道，避开了安息境内的陆路通道，为中西贸易寻找到了一条新的途径，[①]这就是"二通"丝绸之路。

3. "三绝"与"三通"

汉永元十四年（公元102年），班超垂垂老矣，年逾70岁才东返故乡洛阳。接任者任尚向班超请教如何才能当好西域都护，班超说："今君性严急，水清无大鱼，察政在得下和。宜荡失简易，宽小过，总大纲而已。"[②]可惜任尚未能延续班超治理西域的政策，而是施以严苛的为政措施，再一次激发了西域诸国的反叛。

汉延平元年（公元106年），西域诸国联合围攻任尚于疏勒。虽然任尚平息了这次叛乱，但由此也造成了西域的长期动荡。不久，龟兹、温宿、姑墨等国又先后反叛，使得东汉王朝对西域的统治又一次陷入了困境。东汉朝廷以"其险远，难相应赴"，而"诏罢都护"。[③]

汉永初元年（公元107年），汉安帝派遣骑都尉王弘带领关中军队接回了西域都护段禧等中央派驻西域的重臣，东汉遂"三绝"西域。当东汉朝廷放弃西域以后，匈奴乘机再占哈密，并接连入寇河西一带。

汉永宁元年（公元120年），匈奴人为了阻断汉朝与西域的联系，发兵攻破车师前王，鄯善也处于危急之中。鄯善王求救于敦煌太守曹宗。曹宗即上书朝廷，建议派兵出击匈奴，平定西域。但东汉朝廷中一部分大臣主张闭玉门关，以绝西域。当时执政的邓太后听说班勇和他父亲班超一样，有开发边疆的大志，遂召班勇"诣朝堂会议"。班勇驳斥了放弃西域的主张，并提出恢复敦煌原有驻军，置西域副校尉，驻扎敦煌，得到了邓太后的采纳。

汉延光二年（公元123年），东汉朝廷正式任命班勇为西域长史，领兵屯驻柳中。尔后，班勇进军鄯善，降服龟兹，击败匈奴伊蠡王，收复车师前部、后部。汉永建元年（公元126年），班勇进至天山以北准噶尔高原，追击匈奴

---

① 陈宇宏：《三绝三通》，《西部大开发》2015年第3期。

② 《后汉书·班梁列传》，中华书局，2000年版。

③ 《后汉书·西域传》，中华书局，2000年版。

呼衍王，降其众2万余人，匈奴单于向西北逃跑。永建二年（公元127年），焉耆平定，是为丝绸之路的"三通"。

4. "三绝三通"的历史意义

西汉末年到东汉初年的"三绝三通"，体现了中央政府对西域的统治时续时辍，但毕竟具有统一的象征。关于"三绝三通"的意义，论者颇多，主要有如下几点：[①]

第一，推动西域人民摆脱了匈奴政权的统治。自公元前177年匈奴西击月氏，其势力进入西域，至2世纪中叶，北匈奴逐渐西迁，匈奴在西域活动了三百年，"匈奴敛税重刻，诸国不堪命"[②]。而西域诸国都属小国寡民，各自孤处绿洲，难于形成一个联合统一的力量以对抗匈奴，归附汉朝可以使其通过强大的中原政权赶走匈奴人，实现他们自身无法达成的目的。

第二，促进了中西友好交往。王莽天凤三年（公元16年），大秦安敦王遣使西汉，虽未经西域入中国，但这正是西汉统一西域后，其影响不断扩大的结果。后来班超派甘英使大秦，虽未达目的地，却是中西交通史上的重大事件。

第三，进一步加强了西域与中原地区政治、经济、文化的联系。东汉以后，中原分裂、政权并立、更迭频繁，但不管哪个政权，一经建立，西域诸国都积极与之取得联系，每一个中原政权也都把西域视为自己管辖的一个重要组成部分，西域更加密切地与中原融为一体。

---

① 苗普生：《略论东汉三绝三通西域》，《新疆师范大学学报（哲学社会科学版）》1985年第2期。

② 《后汉书·西域传》，中华书局，2000年版。

耿恭、班勇、阿史那社尔：追击穷寇武英臣

本章人物记是关于三位武将的，他们作为中央政府的代表，在西域与西北的游牧政权展开殊死争夺，通过不懈努力克复西域，使其重回中央政府的统治。其功业彪炳史册，不应当被后人所遗忘。

耿恭：东方斯巴达

耿恭，字伯宗，扶风茂陵（今陕西兴平）人。据《后汉书》记载，耿恭年幼丧父，为人却慷慨多谋略，有将帅之才。

汉永平十八年（公元75年）三月，北匈奴的军队进攻车师。耿恭作为大汉帝国安置在车师后国的戊己校尉，派300骑兵救援。但因敌众我寡，300人全军覆没，车师后王也被北匈奴人擒杀。得知消息后，耿恭还没来得及进一步作出部署，北匈奴人已兵临他所驻扎的金蒲城下。千钧一发之际，有将帅才的耿恭，没有被北匈奴的嚣张气焰所吓倒，而是命士兵取来箭矢，在箭头涂上毒药，朝城下大呼："汉家箭神，其中疮者必有异。"耿恭一挥手，瞬时箭如飞蝗，北匈奴中箭者无数。正当北匈奴人惶悚无主之际，耿恭引军开城出击，北匈奴人顿时四下溃散，死伤无数。

为了更好地巩固胜利果实，耿恭决定放弃金蒲城，进驻疏勒城[①]。北匈奴

---

① 据目前史学界公论，东汉时期有两个疏勒城，一个位于天山以南、今喀什附近的疏勒国，即班超、班勇等人驻守之地；另一个位于天山以北、今吉木萨尔县泉子街的东大龙沟故城或奇台县半截沟镇的麻沟梁石城子（目前尚未有定论），即耿恭守卫的疏勒城。本书除耿恭驻守的疏勒城指天山以北的疏勒之外，其余所涉疏勒均指天山以南的疏勒。

人包围了疏勒城并发起强攻。耿恭在城里招募了几千名敢死队员出城迎战，再次将其击退。

北匈奴强攻不下，于是将溪涧的上游堵塞，断了汉军的水源，准备把城中的军民活活渴死。城中军民只好榨取马粪里的水汁来喝，最后甚至连马也渴得无法排泄。耿恭仰叹道："听说从前汉将贰师将军李广利伐大宛得胜还国，途中众将士渴乏，李广利引佩刀刺山，飞泉涌出。今汉德神明，岂有穷哉。"于是耿恭整了整衣冠，向枯井祈祷。没想到奇迹出现，水从井中奔出，将士们顿时高呼万岁，耿恭下令向城外扬水，以示水源充足。北匈奴人见状大惊，以为是神迹出现，认为汉军有天神庇佑，于是撤走了围城的军队。

虽然这段载于《后汉书》的事迹略带神话色彩，但它足以说明耿恭带领汉军在西域与匈奴交战时"置之死地而后生"的精神。

永平十八年（公元75年）八月，汉明帝去世，朝廷正值大丧之际，车师再度反叛，和北匈奴一道进攻耿恭。耿恭再度面临十面埋伏的困境。几个月后，汉军粮食耗尽，便用水煮铠甲弓弩，吃上面的兽筋皮革。北匈奴单于知道耿恭已身陷绝境，便派使者招降："你如果投降，单于就封你做白屋王，给你女子为妻。"耿恭引诱使者登城，亲手将他杀死，在城头用火炙烤北匈奴使者尸体，以此表明心迹。北匈奴单于大怒，继续增派援兵围困耿恭。一千多年后，北宋名将岳飞所写的那一句气壮山河的"壮志饥餐胡虏肉，笑谈渴饮匈奴血"，其典故正出于此。

耿恭派人向西域都护府救援。西域都护府的紧急求援文书随后送到了刚刚继任皇位的汉章帝刘炟手里。经过一番朝堂争执，汉章帝决定出动张掖、酒泉、敦煌三郡以及鄯善国军队共计7000人，远征救援。建初元年（公元76年），援军大破车师前军。问题在于，如果援军继续向疏勒进兵救援耿恭，则必须翻越天山，此时正是冬季，大雪封山，行军难度极大，继续远征救援的人员损失可能会远远大于坚守疏勒数百官兵人数。但援军听闻耿恭疏勒保卫战的事迹后，都被他的精神所感召，纷纷要求前往救援疏勒城。于是2000援兵翻越了天山天险，一个月后到达疏勒城救出耿恭余部，北匈奴人撤兵。

此时，疏勒城中仅余26人，个个衣衫褴褛，形容枯槁。翌日，耿恭率这几十人返回关内。然而，从疏勒城返回玉门关有近两千里路，途中还有北匈奴的埋伏。天山北麓雪深丈余，耿恭等人翻越天山，九死一生，回到玉门关仅剩13人。史载，中郎将郑众为耿恭洗沐易衣冠。[1]汉代中郎将大概相当于现在的战区司令——司令亲自给几位戍边官兵搓背洗衣，众人为之泪目。耿恭率部之兵，比起斯巴达三百勇士也绝不逊色。耿恭也因此被当朝同僚誉为"节过苏武"，被汉章帝加封为骑都尉。

汉代史官对耿恭保卫边城是这样评价的："恭以单兵固守孤城，当匈奴之冲，对数万之众，连月逾年，心力困尽。凿山为井，煮弩为粮，出于万死无一生之望。前后杀伤丑虏数千百计，卒全忠勇，不为大汉耻。恭之节义，古今未有！"《后汉书》作者范晔也不禁发出感慨："余初读苏武传，感其茹毛穷海，不为大汉羞。后览耿恭疏勒之事，喟然不觉涕之无从。嗟哉，义重于生，以至是乎！……以为二汉当疏高爵，宥十世。"

班勇：虎父无犬子

班勇，字宜僚，出生于西域疏勒国，这或许决定了他一生的西域情缘。班勇的父亲就是大名鼎鼎的西域都护班超，母亲是西域疏勒国王室之女。他长于西域，自幼习学汉语言文学和西域诸国语言文学，"少有父风"。后来，他随父亲返回长安。

本书前面作过介绍，继班超之后，东汉政府任命戊己校尉任尚接任西域都护。然而任尚在西域实施过于严苛的政策，加之不具备班超的威望，导致西域诸国中潜在的危机爆发。

汉延平元年（公元106年）九月，诸国起兵攻任尚于疏勒。任尚上书求救，东汉政府一面派兵救援，一面另派段禧接任西域都护。但无度的征兵，又导致羌族大规模起义，以致陇道（陕西通往甘肃的要道）断绝，檄书不

---

① 《后汉书·耿弇传》，中华书局，2000年版。

通。所以在汉永初元年（公元107年），东汉政府又决定派兵出敦煌，迎还西域都护及屯田士卒，暂时放弃对西域的统治，这是汉帝国第三次断绝西域，史称"三绝"（参见第三部分《历史事件·"三绝三通"》）。

汉军退出西域，北匈奴残余势力卷土重来，乘机占领伊吾，并胁迫西域诸国联兵入寇河西，进而击败车师前部王，侵略北道诸国，鄯善也处于危急之中。此时，朝中一部分臣僚主张关闭玉门关，放弃西域，而班勇力排众议，痛陈弃西域之危害。

汉延光二年（公元123年），敦煌太守张珰上书汉安帝，主张再次统一西域，指出若西域不守，则河西不能自存。在这种情况下，东汉政府应西域诸国点将之邀，遂决定以班勇为西域长史，行使都护职权，率兵500出屯柳中城。班勇进驻西域后，陆续逐退了残余的匈奴势力，再一次打通了西域道路，保障了河西边塞。

汉延光三年（公元124年）正月，班勇率军进抵楼兰，平鄯善复龟兹，而后大败匈奴伊蠡王于伊和谷，收得车师前部和后部，继而又征发西域诸国兵，追击匈奴呼衍王，降其众2万余人，俘虏单于从兄。自此以后，车师再无匈奴踪迹。

这个时候，西域大部分领土重回中央政权怀抱，唯独焉耆还未收复。汉永建二年（公元127年），经东汉政府批准，班勇征调西域诸国兵4万余人，会同敦煌太守张珰所率河西驻军3000人，分兵两路进攻焉耆。班勇从南路进军，张珰从北路进军，约期会师。但张珰因原先获罪在身，想邀功自赎，比班勇提前到达焉耆，抢得头功。东汉朝廷听信了张珰一面之词，将其免罪，但认为班勇进兵迟缓，于是将班勇下狱。虽然后来把班勇释放出来，但却再没有重用他，最后班勇带着无尽的遗憾，老死家中。

班勇和他的父亲班超一样，在东汉政府统一西域的斗争中作出了重要贡献。然而，远征焉耆一战，胜利之将何以落得囹圄下场？这恐怕已成为千古迷局了。

阿史那社尔：定军龟兹

阿史那社尔，唐初名将，突厥王族，处罗可汗次子。

阿史那社尔原是东突厥酋长，为突厥屡立战功，但后来被薛延陀击败，只得逃奔高昌国，最后率部投奔唐朝，被封为左骁卫大将军，还娶了衡阳长公主为妻，成为驸马都尉。可能是因为阿史那社尔显赫的身世，再加上唐朝皇室本身也具有少数民族的血统，唐太宗便让他负责守卫皇宫北门——玄武门。据《唐太宗李卫公问对》记载：阿史那社尔曾拜李靖为老师，跟他学习过兵法战阵。李靖向唐太宗推荐了几员番将，其中就包括阿史那社尔。

归附唐朝之后，阿史那社尔非常受唐太宗器重，因而屡屡出征，立下赫赫战功。唐贞观十三年（公元639年），阿史那社尔辅佐唐太宗时期的名将侯君集攻下了高昌，但阿史那社尔拒绝瓜分战利品。李世民给了他两个字——清廉，将一柄高昌宝刀和毕国公头衔送给了他。

贞观十九年（公元645年），阿史那社尔更是亲随唐太宗远征高句丽。在驻跸山（今辽宁辽阳）与高句丽交战时，阿史那社尔虽屡中流矢，仍拔箭继进，所部奋勇作战，最终大获全胜，唐太宗非常感动，封阿史那社尔为鸿胪寺卿。

贞观二十一年（公元647年），阿史那社尔被任命为崑丘道行军大总管，率兵征讨龟兹。在此过程中，阿史那社尔击破西突厥处月、处密二部，领兵从焉耆的西面直抵龟兹北部边境，擒杀焉耆国王，龟兹为之震动，守城将士大都弃城逃走。唐军进驻碛口后，阿史那社尔进军多褐城（今新疆轮台西），使引蛇出洞之计，将龟兹王5万兵马打败。不久，阿史那社尔攻破龟兹都城，并率精兵行军600里，攻克大拨换城（今新疆阿克苏地区），生擒龟兹王。阿史那社尔攻灭龟兹，震动西域，西突厥、于阗等国争送驼马、军粮，向唐朝示好，以免兵燹之灾。然而，青山遮不住，毕竟东流去。可叹当时阿史那社尔定军龟兹城处，如今只留下古城的残垣断壁。

阿史那社尔凯旋之时，也是唐太宗李世民弥留之际。不久唐太宗驾崩，在盛大的丧礼上，一位高鼻深目的突厥人，从满地鲜血中走出，他不仅毁容自残（按照突厥传统，割发、划脸和伤耳是寄托哀思的方式），而且恳求新

龟兹所在地库车清代城墙遗址

资料来源：作者拍摄

皇李治允许他自杀殉葬，为先皇守陵——阿史那社尔想通过这种方式，表达对天可汗知遇之恩的感激与思念。

新皇李治也为此感动，但没有答应阿史那社尔的要求，而是把他和贞观年间归附的其他13位外族君主，雕刻成石像模样，立在昭陵墓道上。在今天的昭陵陵园中，有73座陪葬墓能够确认身份，其中，阿史那社尔超越了李世勣、尉迟敬德、程咬金等贞观朝著名人物，埋在了离唐太宗最近的那块地方。或许，阿史那社尔的愿望真的实现了——永远陪伴在君主身边，成就一段千古君臣的佳话。

十八、东吴"扶南"

　　"扶南"本是我国古代南面的一个国家。三国时期东吴派遣使者出访扶南国，为我国与东南亚国家的交往开辟了新路，因而"东吴"和"扶南"两个国家的名称，也被后世巧妙地组合在一起，形象地称为"东吴'扶南'"，意为从东吴开始，中原王朝一直在"扶助"南海各国，相互往来。这也为我国海上丝绸之路的发展作出了必要贡献，因而近世连柬埔寨前国王西哈努克都对"扶南"相关的历史事件和人物作出了高度评价。

　　三国时期，吴主孙权派朱应、康泰出使扶南，到南海各国宣教。这是中国历史上第一次派专使到南海诸国，开拓海外事业。扶南虽然是地名，但因为这个事件具有的重大意义而将其泛称为我国出使南海各国的代称。

　　扶南国是1—7世纪在中南半岛的古国，其领土包括今柬埔寨、老挝南部、越南南部、泰国东南部一带，最盛时期到达泰国西部直至马来半岛南端，地扼东西海上交通要冲，处南海交通中心，是东南亚地区第一大国。当时的扶南国力强盛，邻近的几个小国都受其控制。同时，它又是佛教东传的中转站，也是中国通往印度、波斯、大秦和东南亚进行贸易往来的中心，其地位重要性与西域的于阗、龟兹不相上下。

1. 朱、康出使

　　朱应、康泰出使扶南之事，《三国志》中没有记述，《梁书》中却有专门记载：

　　吴孙权时，遣宣化从事朱应、中郎康泰通焉（按，指海南诸国），其所经及传闻，则有百数十国，因立记传。[①]

　　以朱应、康泰为代表的使者，为了探寻通往大秦的通商航路，在扶南居住了多年，把所见所闻记录了下来。康泰著有《吴时外国传》，朱应著有《扶南异物志》，这些都成为研究东南亚古代史以及海上丝绸之路源起的重要史料，但原作都已遗失，只能在《水经注》《太平御览》《通典》等书中见其片段。

2. 东吴"扶南"对丝绸贸易的影响

　　东吴"扶南"对丝绸贸易的影响主要体现在如下几个方面：

　　一是丝绸贸易在此后越来越多地通过海上贸易的方式进行。从印度洋上的狮子国（今斯里兰卡）到耶婆提（今印尼爪哇）到中国的广州，都有商用大船，这些船除了装载货物，还能载运200人。这说明当时这条航线已经比较成熟了。

　　二是航海技术对丝绸贸易具有推动作用。当时的海船已经能够摆脱传统的沿海岸线，并利用信风航行。如从恒河口起航"西南行，得冬初信风"，冬季的季风从大陆向西南海上吹，正好是"顺风相送"，因此航行14天就可以抵达斯里兰卡。此外，当时还能利用天文学知识如"唯望日月星宿而进"来指导航行，这对丝绸贸易的发展也很有帮助。

　　三是丝绸贸易在一定程度上改变了东南亚国家的风俗。据相关史料记载，中国的锦（即丝绸）当时已经传到了扶南。丝绸改变了当地人以往赤身裸体的习俗，在扶南起到了移风易俗的作用。

　　四是打破了陆上丝绸之路对丝绸贸易的垄断。本书前面介绍过，波斯由于地理位置的优势，自古便成为东西贸易的中心，也是历史上贩卖中国丝绸

---

　　① 《梁书·诸夷列传》卷54，中华书局，1973年版。

到西方的主要中间商。大秦、中国都希望能够找到另外一条丝绸通商之路，以摆脱波斯人的中间操控。三国时期吴黄武五年（公元226年），大秦商人秦论从海路经过交趾来到东吴，太守吴邈派人陪同前往觐见孙权，孙权询以方土谣俗，了解到一些南海国家的情况。[①]这也间接促成了朱应和康泰的"扶南"之行。后来大秦和波斯之间爆发战争，长达二十年之久，使得我国西北经西亚通向欧洲的陆上丝绸之路受到阻碍，这在客观上又进一步促进了海上丝绸之路的发展。

3. 东吴"扶南"的历史意义

东吴"扶南"的历史意义主要体现在三个方面：

一是记载相关见闻的史书成为研究东南亚各国风物的珍贵史料。朱应、康泰出访活动的重大收获，是将考察见闻撰写成书。朱应写了一本《扶南异物志》，可惜已经失传，唯书名见录于《隋书·经籍志》《唐书·艺文志》。康泰写了一本《吴时外国传》，原书虽遗失，但部分内容因被引用而散见于《水经注》《北堂书钞》《艺文类聚》《初学记》《史记正义》《史记索引》《通典》《文选注》《白孔六帖》《太平御览》《事类赋》等古籍之中。仅从引用书籍之多，就可以看到这本书珍贵的史料价值。朱、康同时代的万震撰《南州异物志》，稍后的郭义恭撰《广志》，均参考了《吴时外国传》和《扶南异物志》的记述。正史《南齐书》《梁书》《南史》编纂南海诸国传，均以之为重要依据。

二是对东南亚，尤其是海上丝绸之路沿线的地理交通做了较为详尽考察。《吴时外国传》记载了30个古国与地区的方位与里程。我国最早记载与东南亚海上交通的古籍是班固的《汉书·地理志》，但《汉书·地理志》只载6个古国，而且既没有方位，又无里程，考证起来相当困难。《吴时外国传》中所载的多数国家都记有方位与里程，如"从扶南西去金陈，二千余里

---

① 《梁书·诸夷列传》卷54，中华书局，1973年版。

到金陈""扶南之西南有林阳国，去扶南七千里"等。此外，《吴时外国传》还记载了许多古国和地区的交通、物产、贸易、人口、风俗、气候、服饰、宗教、工艺等情况，从而为我们考证出这些国家和地区的历史地名，研究东南亚、南亚史及南海交通路线提供了珍贵的资料。

三是对东南亚，尤其是海上丝绸之路沿线各国的记录，成为研究这些国家古代史的重要文献。由于自然和历史的原因，隋唐以前，柬埔寨本国没有留下自己的历史记载。研究柬埔寨古史，主要靠中国史籍。研究柬埔寨史的外国学者认为，中国史籍中最先提到扶南王国的是康泰的著作，并认为中国史学关于此国古史之记载，多采自朱应、康泰出使扶南后的撰述。柬埔寨古史的一些重大问题的解决，得助于《吴时外国传》。

1956年2月，柬埔寨西哈努克亲王访华时曾说过，高棉人于1世纪开始建立有组织的国家，这是根据中国使节朱应和康泰的记载，由于中国古代的朋友们的介绍，世界其他国家知道了柬埔寨的文化、风俗、习惯和历史。可见，朱应、康泰出使扶南及其著述，历史给予了高度的评价。

十九、丝绸之路上多宗教的交融共存

在千年丝绸之路历史上，出现过祆教、佛教、摩尼教、景教和伊斯兰教等不同宗教。[1]西域历来也是多种宗教信仰并存，一教或两教为主、多教并存是西域宗教格局的历史特点，交融共存是西域宗教关系的主流。[2]伊斯兰教不是维吾尔族天生信仰且唯一信仰的宗教。[3]时至今日，新疆主要有伊斯兰教、佛教（包括藏传佛教）、基督教、天主教、道教等，萨满教在一些民族中仍然有较大影响。[4]那么，丝绸之路上多宗教交融共存的格局到底是怎样形成的？

在丝绸之路沿线的广袤土地上，尤其是丝绸之路西域段，即今日新疆，佛教有过绚烂的历史——无论是鸠摩罗什东行带来的华美翻译成果，还是玄奘西天取经的伟大探险历程，抑或丝绸之路沿线无数千年佛窟留下的岁月沧

---

① 马品彦、祖力亚提·司马义：《交融共存是新疆地区宗教关系的主流》，《求是》2018年第20期。

② 国务院新闻办公室：《新疆的若干历史问题》（白皮书），人民出版社，2019年版，第19页。

③ 国务院新闻办公室：《新疆的若干历史问题》（白皮书），人民出版社，2019年版，第22页。

④ 国务院新闻办公室：《新疆的历史与发展》（白皮书），国务院新闻办公室网，2003年5月26日。

桑……此外，还出现过祆教、摩尼教、景教和伊斯兰教等不同宗教。[1]新疆多种宗教并存格局的形成和演变经历了怎样漫长的历史过程？

公元前4世纪以前，新疆流行的是原始宗教。[2]从公元前4世纪前起，盛行于东西方的一些宗教沿着丝绸之路陆续传入新疆地区。大约在公元前1世纪，佛教传入新疆地区，逐渐成为占主导地位的宗教，形成以佛教为主要宗教的多种宗教并存格局，并先后形成了于阗、疏勒、龟兹、高昌等著名佛教中心。在此后的一千多年的时间里，佛教在新疆盛极一时，各类佛洞与佛寺遍布天山南北。4—10世纪，佛教

克孜尔千佛洞是龟兹石窟的代表，也是佛教在龟兹的明证

资料来源：作者拍摄

进入鼎盛时期。同期，祆教流行于新疆各地，吐鲁番地区尤为盛行。5世纪前后，道教传入新疆，主要盛行于吐鲁番、哈密等地，至清代传播到新疆大部分地区并一度复兴。6世纪，摩尼教和景教（基督教聂斯脱利派）相继传入新疆。10—14世纪，景教随着许多地方回鹘等民族信仰而逐步兴盛。[3]16世纪末17世纪初，藏传佛教在北疆地区逐渐兴盛起来。[4]

---

① 马品彦、祖力亚提·司马义：《交融共存是新疆地区宗教关系的主流》，《求是》2018年第20期。

② 国务院新闻办公室：《新疆的若干历史问题》（白皮书），人民出版社，2019年版，第19页。

③ 马品彦、祖力亚提·司马义：《交融共存是新疆地区宗教关系的主流》，《求是》2018年第20期。

④ 国务院新闻办公室：《新疆的若干历史问题》（白皮书），人民出版社，2019年版，第19页。

此外，9世纪末10世纪初，喀喇汗王朝接受伊斯兰教。喀喇汗王朝最初是由什么民族建立的，至今仍然不是很清楚，有葛逻禄、回鹘等几种说法。不过最初的时候，西域延续一直以来的传统，其宗教格局是多样化的，祆教、摩尼教、佛教和萨满教等都在西域有着较为广泛的支持者。

然而喀喇汗王朝的信仰体系最终被伊斯兰教所一统。这是如何发生的呢？原来，喀喇汗王朝所拥有的领土，水源充足、土地肥沃、耕地密布，是中亚荒漠中少见的大面积宜居地区。然而这样的富饶之地也有其他的民族在觊觎，就在河中地区的西南方，有一个强大的、波斯人建立的政权——萨曼王朝。

7世纪中叶，伊斯兰教伴随着阿拉伯人的刀剑进入波斯后，便成为古老波斯民族的国教。波斯人摆脱阿拔斯王朝的统治建立萨曼王朝后，便一心想要恢复古波斯的荣光，而历史上，中亚河中地区长期是波斯的势力范围，因而萨曼王朝将扩张的方向，放在了中亚河中地区。萨曼王朝对喀喇汗王朝软硬兼施，一方面扩大商业贸易与文化往来，另一方面不时对其发动战争，蚕食其土地。

史载，960年，有20万帐突厥人接受了伊斯兰教，如果以每帐3—4人计算，则这一年仅突厥人就有60万到80万接受了伊斯兰教。[1]

10世纪中叶，伊斯兰化的喀喇汗王朝，向信仰佛教的于阗王国，发动了长达四十余年的宗教战争。[2]当时的西域，除了已经伊斯兰化的喀喇汗王朝和信仰佛教的高昌回鹘之外，还有一个于阗佛教王国。

于阗国土辽阔，"西南抵葱岭与婆罗门接，相去三千里。南接吐蕃，西至疏勒二千余里"。大致位于今天新疆的西南部，其中心大概在今天的和田地

---

[1] 伊本·阿西尔：《全史》，转引自马大正等：《新疆史鉴》，新疆人民出版社，2006年版，第233页。

[2] 国务院新闻办公室：《新疆的若干历史问题》（白皮书），人民出版社，2019年版，第20页。

区。于阗国王尉迟僧乌波，深受汉文化影响，崇信儒学，习汉语，穿汉服，沿用中原汉族礼仪，采用了中原通行的年号。他即位后不仅起了汉名——李圣天，并且与当时的中原政权宋朝，重续"舅甥关系"。他始终不渝地坚持对中原王朝的臣属关系，认为于阗是中原王朝下属的地方政权，相信中原王朝能保护于阗的国家安全。

11世纪初（公元1004年），喀喇汗王朝攻灭于阗，强制推行伊斯兰教，结束了佛教在这个地区千余年的历史[1]，并形成了南疆以伊斯兰教为主、北疆以佛教为主，伊斯兰教与佛教并立的格局[2]。

14世纪中叶，东察合台汗国统治者以战争等强制手段，将伊斯兰教逐渐推行到

高昌国柏孜克里克石窟中残存的佛像壁画
资料来源：作者拍摄

于阗曾是南疆地区最后一个接纳伊斯兰教的王国，日后却成为笃信伊斯兰教最虔诚的地区之一。图为于阗王国今日所在的和田地区热闹的夜市
资料来源：作者拍摄

---

① 国务院新闻办公室：《新疆的若干历史问题》（白皮书），人民出版社，2019年版，第20页。

② 马品彦、祖力亚提·司马义：《交融共存是新疆地区宗教关系的主流》，《求是》2018年第20期。

塔里木盆地北缘、吐鲁番盆地和哈密一带。[1]本书前面已经介绍，成吉思汗把西域分封给了他的次子察合台，建立了察合台汗国。早年的察合台诸汗还保持着游牧民族的习惯，主要居住在今北疆或者哈萨克草原，那时他们主要信仰萨满教。后来到了14世纪20年代的时候，怯伯汗将察合台的政治中心从草原转移到了西部河中的农耕地区（也就是后来的西察合台汗国，参见第一部分《历史变迁·察合台汗国的形成》）。而西察合台汗国辖地，早就伊斯兰化了，生活在这里的蒙古人也有很多早就伊斯兰化了。

元至正十三年（公元1353年），统治东察合台地区的可汗秃忽鲁·帖木儿信仰了伊斯兰教，成为西域第一位加入伊斯兰教的蒙古可汗，开始在西域推行伊斯兰教。

至16世纪初，新疆形成了以伊斯兰教为主要宗教、多种宗教并存的格局并延续至今，原来当地居民信仰的祆教、摩尼教、景教等逐渐消失，佛教、道教仍然存在。17世纪初，卫拉特蒙古人接受了藏传佛教。约自18世纪始，基督教、天主教、东正教相继传入新疆。[3]

可见，在整个历史发展过程中，丝绸之路西域段有两个显著特点。

第一，中央政权始终对西域拥有领土和行政主权。327年，前凉政权首次将郡县制推广到西域，设高昌郡。460—640年，以吐鲁番盆地为中心，建立了以汉人为主体居民的高昌国，历阚、张、马、麴诸氏。隋代，中原结束了长期割据状态，扩大了郡县制在新疆地区的范围。突厥、吐谷浑、党项、嘉良夷、附国等周边民族先后归附隋朝。唐代，中央政权对西域的管理大为加强，先后设置安西大都护府和北庭大都护府，统辖天山南北。于阗王国自称唐朝宗属，随唐朝国姓李。宋代，西域地方政权与宋朝保持着朝贡关系。

---

① 国务院新闻办公室：《新疆的若干历史问题》（白皮书），人民出版社，2019年版，第20页。

② 图中左边是于阗国王尉迟僧乌波，右为其王后。壁画中尉迟僧乌波身着汉服，可见汉文化对于阗的深远影响。

③ 国务院新闻办公室：《新疆的若干历史问题》（白皮书），人民出版社，2019年版，第20页。

高昌回鹘尊中朝（宋）为舅，自称西州外甥。喀喇汗王朝多次派使臣向宋朝朝贡。元代，设北庭都元帅府、宣慰司等管理军政事务，加强了对西域的管辖。1251年，西域实行行省制。明代，中央政权设立哈密卫作为管理西域事务的机构，并在嘉峪关和哈密之间先后建立安定、阿端、曲先、罕东、赤斤蒙古、沙州6个卫，以此支持管理西域事务。①清代，清政府平定准噶尔叛乱，中国西北国界得以确定。此后，对新疆地区实行了更加系统的治理政策。清乾隆二十七年（公元1762年）设立伊犁将军，实行军政合一的军府政制。光绪十年（公元1884年）在新疆地区建省，并取"故土新归"之意，改称西域为"新疆"。1912年，新疆积极响应辛亥革命，成为中华民国的一个行省。②

第二，多种宗教和谐共处、交融共存是西域宗教关系的主流。在新疆地区宗教发展演变史上，曾经出现过宗教战争或教派冲突，对经济社会造成严重破坏，给各族人民带来深重苦难，使人们失去信仰自由。③但在历史发展的长河中，这些战争或冲突是相对短暂的，从来没有改变过新疆地区多种宗教并存的格局，也从来没有改变过多种宗教吸收融合、平和包容的关系。

直到今天，新疆许多民族还不同程度地保留着原始宗教和萨满教的观念及遗俗，如对火的崇拜习俗，即使在伊斯兰教传入后仍保留到现在。哈萨克族在月亮出来时会表示问候，小孩出生时会用火避邪，哈萨克族牧民转场时要点起火堆，让人和牲畜从火堆旁走过。在今天维吾尔族婚礼中，新娘进男方家门时要跳火盆，新郎和新娘要吃一小块用盐水浸过的馕。维吾尔族民间的麻扎（即穆斯林的墓地）朝拜，如在麻扎上立高杆、挂旗幡、悬羊皮等现象，也是原始宗教和萨满教的一种遗留。佛教的影响更加深远。在莎车、叶

① 国务院新闻办公室：《新疆的若干历史问题》（白皮书），人民出版社，2019年版，第4—5页。

② 国务院新闻办公室：《新疆的若干历史问题》（白皮书），人民出版社，2019年版，第6页。

③ 马品彦、祖力亚提·司马义：《交融共存是新疆地区宗教关系的主流》，《求是》2018年第20期。

城、喀什、哈密、伊犁等地一些古老清真寺中，仍可见到佛龛、莲花图案、莲花宝座等遗存。新疆伊斯兰教许多著名麻扎，有的源自原始宗教，有的曾是佛教或其他宗教的圣地。[1]

---

[1] 马品彦、祖力亚提·司马义：《交融共存是新疆地区宗教关系的主流》，《求是》2018年第20期。

二十、宋代的海上生意

海上丝绸之路为什么在宋代最为发达？这种发达和繁盛是怎样体现的？海上丝绸之路的源头是泉州吗？有没有可能是别的城市？这一连串的问题，读者会在本章找到一些新的线索。

海上丝绸之路是古代中国与外国贸易交通和文化交往的海上通道，是世界上已知的最为古老的海上航线之一，也是古代东方海道交通大动脉。起航点主要有东海起航点和南海起航点，航线主要分为南航线和北航线，分别交通东南亚、印度洋地区和朝鲜半岛、日本等地区。在唐代之后，中西海路贸易日趋频繁。贸易主要运送的大宗货物是丝绸，所以人们便把这条连接东西方的海道叫作海上丝绸之路。这条海上丝绸之路到了两宋时期，获得了空前的发展。

1. 宋代海上丝绸之路勃兴的原因

宋代海上丝绸之路是当时世界上最重要的商路。在唐代，海上丝绸之路还是对陆上丝绸之路的补充。《新唐书·地理志》记载，唐代与外界交通最重要的路线共七条，其中五条为陆路，两条为海路。这种情况在宋代发生了根本转变。政权割据与战火连绵使陆上的交通受到阻塞，而且全国经济中心向南迁移，海上丝绸之路成为对外交往的最主要通道。到了南宋时期，海上贸易已达历史顶峰。其贸易量和覆盖范围，已远非陆路可比。究其原因，主要有三：

一是地缘因素。唐安史之乱后，吐蕃、契丹、女真等民族相继崛起，到了北宋，北方先后有辽、西夏和金政权，陆上丝绸之路贸易受阻。国际上，十字军东征迫使阿拉伯商人将视线转移到东方，而这一时期，中国江南经济和沿海城市进一步发展，加上造船技术的进步和罗盘针的使用，因此北宋海上丝绸之路的贸易更加兴盛，南宋更是空前繁荣，一个泱泱大国的航海时代终于来临。①

南宋时期航海罗盘（藏于泉州海洋交通博物馆）

资料来源：作者拍摄

二是土地私有化在局部和短期内助推商品经济快速发展。土地私有化把宋代农业经济推上前所未有的发展水平，进而带动了手工业和商业空前繁荣，特别是当时世界上规模最大的手工业工场大批出现，如造纸工场、造船工场、兵器工场、瓷器工场、丝绸工场、印刷工场等，为海上丝绸之路国际贸易提供了雄厚的物质基础。②

三是宋朝管理制度的逐步完善。宋廷为了保持和发展对外贸易，扩大

---

① 《北宋时期的海上丝绸之路》，中国社会科学网，2014年11月30日。

② 龚绍方：《宋代海上丝路源头新探》，《中州学刊》2008年第5期。

市舶司设置范围，并逐步完善管理制度。宋廷曾在广州、明州（今浙江宁波）、杭州、泉州、温州、秀州（今浙江嘉兴）和密州（今山东诸城）等沿海港口设置市舶司，作为各路对外贸易管理机构，而以粤、闽、浙最为紧要，全称"三路市舶"。[①]这样，以大量出口瓷器和丝绸为主的海上瓷器之路和海上丝绸之路便空前繁荣起来。

2. 宋代海上生意的繁华及其保障

两宋海上丝绸之路的繁盛，实始于北宋。北宋海上丝绸之路贸易的兴盛主要表现在以下几个方面：[②]

一是招徕外商，鼓励贸易。宋朝继续采用唐代蕃坊制度，在重要口岸兴建蕃坊供外商居住，并置蕃长"管勾蕃坊公事，专切招邀蕃商人贡"；设立"蕃市""蕃学"，供外商交易和子弟求学。置市舶司后，政府又依据市舶使招徕蕃商的成绩予以奖惩，对蕃商则从优奖掖。

二是贸易交往对象的迅速扩大。北宋及南宋时期，通过海上丝绸之路与中国贸易的国家和地区超过唐代，最多有50多个。除朝鲜、日本外，更有中南半岛、菲律宾群岛、印度以及西亚、北非诸国。它们既有汉唐以来来华贸易的老客户，也有此前尚未建立直接贸易的新伙伴，如今埃及境内的勿斯里、盘地、遏根陀等地，主要贸易伙伴有交趾、占城、真腊、蒲甘、勃泥、婆、三佛齐、大食、层拔等，其中层拔远在非洲中部东海岸。

三是商品经济繁荣带来的海外贸易需求扩大。东京汴梁（今河南开封）既是北宋外贸政策制定发布之地和国内贸易中心，也是与海外进行朝贡、回赐的世界贸易中心，更是进口贵重商品的消费之地。通过汴河等渠道，繁荣的海上丝绸之路给东京带来了数不胜数的商品，这里有朝鲜的金器、银器、人参，日本的笔墨、折扇、宝刀，交趾、占城的驯象、驯犀、象牙，三佛齐

---

① 李庆新：《海上丝绸之路》，五洲传播出版社，2006年版，第72页。

② 《北宋时期的海上丝绸之路》，中国社会科学网，2014年11月30日。

的琉璃器、琥珀、金刚钻，蒲端的龙脑、丁香，大食的珍珠、通犀，拂菻的鞍马、刀剑等，可谓应有尽有。

然而，以上这些海上丝绸之路的繁华景象，并非空中楼阁，它需要一系列的条件和保障基础。

首先，中原统一为大规模对外贸易奠定了稳定的政治环境。北宋政权的建立，结束了五代十国的分裂割据，加上一系列促进社会经济发展措施的实施，使得农业、手工业、商业得到显著发展，社会经济呈现新的繁荣。①

其次，北宋农业生产技术水平明显提高，为贸易供给源源不断的产品。土地开垦和水利兴修，扩大了粮食作物和经济作物的种植面积，稻、麦、茶、桑种植更为普遍，单位面积产量有所提高。手工业方面，各种作坊的规模和内部分工的细密程度都大大超过了前代。如丝织业进入大发展时期，东京的绫锦院，宋真宗年间（公元998—1022年）有织机400多张；润州织罗务（宋朝设置的专管织罗贡品的机构）年产量万匹；新兴丝织业中心城市婺州，司马光诗云"万室鸣机杼，千艘隘舳舻"，号称"衣被天下"。②

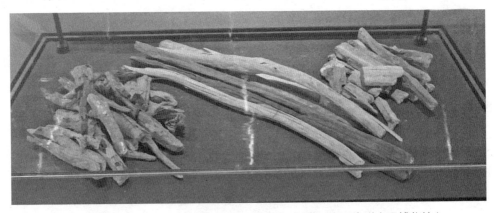

泉州湾宋代海船出土的香料，包括檀香、沉香、降真香等（藏于泉州海洋交通博物馆）

资料来源：作者拍摄

---

① 《北宋时期的海上丝绸之路》，中国社会科学网，2014年11月30日。
② 《北宋时期的海上丝绸之路》，中国社会科学网，2014年11月30日。

再次，大规模的海上贸易，其先决条件是具备远航的船只和指引航向的罗盘。北宋时我国造船业走向成熟，漕运和贸易的兴盛为造船业提供了强大动力。立国之初，为平定南方割据政权，都城东京设有"造船务"，负责船只建造和维修，江淮各路、军中多有船务、船坊。官营造船以纲船（漕运船）为主，宋真宗时期，纲船年产量2900多艘。民营作坊则多造商船，规模庞大、工艺精细，船只载量大、稳定性强。①同时，指南针在北宋已广泛应用于航海，这进一步促进了海上贸易向更远地域延伸。

3. 海上丝绸之路源头之争

关于海上丝绸之路的源头，正统的说法是在泉州。联合国教科文组织就把福建泉州港确定为唯一的海上丝绸之路起点。②

在宋代，泉州港经历三次飞跃：北宋中期，赶上并超过明州，仅次于广州；南宋初年赶上广州，与广州并驾齐驱；到了南宋末年，泉州超过广州，成为全国最大的贸易港。据统计，宋代泉州与57个国家和地区有海上贸易关系，刺桐港（泉州港）呈现"闽海云霞绕刺桐""涨海声中万国商"的繁荣景象。

北宋元祐二年（公元1087年），泉州正式设立市舶司。南宋绍兴年间（公元1131—1162年），泉州市舶司的年收入近百万缗之多，约占南宋王

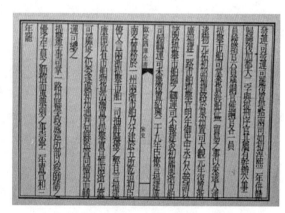

元祐二年（公元1087年），宋哲宗在泉州设立提举市舶司（影印本，摄于泉州市舶司遗址）
资料来源：作者拍摄

---

① 《北宋时期的海上丝绸之路》，中国社会科学网，2014年11月30日。
② 《千年丝路　万里亲缘长》，《人民日报》2014年7月2日。

朝全部财政收入的五十分之一。泉州市舶司设在府治南门水仙门（今泉州水门巷）内，其遗址至今仍存，是古代海上丝绸之路的重要实物见证。

究其原因，一方面在于宋哲宗时外国商人聚集泉州城南一带，形成蕃人巷，设置市舶司方便与其打交道。另一方面，宋室南迁临安，大批宗室贵族退居泉州。使泉州对外贸易迅速发展，成了东南沿海的要会之地，舶货充盈，号称富州。此外，泉州是个天然良港，范围广大，南北往来大小船只都可以久停，淡水供应充足。

然而，新的研究成果表明，泉州的确是海上丝绸之路的一个重要港口，但其他重要城市也可能是海上丝绸之路的起点，如北宋东京汴梁。[①]

东京汴梁是北宋王朝的政治、经济、文化和军事中心，是宋代全国东西南北交通的大交叉口，四通八达。当时，南北方物资流通主要通过水路和陆路两个大动脉进行，但是还有一条被人忽略的线路：即汴梁经密州（今山东诸城）至东南各地的海路交通。

> 元祐三年（公元1088年）范锷同京东路转运司奏："自来广南、福建、淮、浙商旅，乘海船贩到香药诸杂税物（至密州），乃至京东、河北、河东等路，商客般运见钱、丝、绫、绢往来交易买卖，极为繁盛……（北方的）丝、绢、缣帛又蕃商所欲之货，此南北之所交驰而奔辏者。"[②]

还有观点认为，宋代海上丝绸之路真正起点应当是龙泉及瓯江两岸。[③]两宋丝绸之路交通变为以海上为主，贸易输出的主要商品也从原来的丝绸为主变为瓷器为主。海上丝绸之路沿线国家，也开始以china（陶瓷）代称中国。日本著名陶瓷学家三上次男在其著述的《陶瓷之路》一书中，就把这条运输

---

① 龚绍方：《宋代海上丝路源头新探》，《中州学刊》2008年第5期。

② 《续资治通鉴长编》卷409，中华书局，2004年版。

③ 王剑波：《古代海上丝绸之路起点探源》，《浙江日报》2017年8月14日。

瓷器的海上丝绸之路誉为"陶瓷之路"。而龙泉青瓷则在宋元时期海上丝绸之路居主导地位，因此龙泉很有可能成为陶瓷从海上丝绸之路运往海外的起点。

宋朝龙泉窑青釉洗（藏于泉州海洋交通博物馆）
资料来源：作者拍摄

无论何者，关于海上丝绸之路源头的争论，有助于人们对海上丝绸之路历史的进一步挖掘，揭开这条"宝藏之路"的神秘面纱。

4. 宋代的坚船与海上贸易

前面已经提到，海上贸易的繁盛需要强大的造船业与先进的航海术支撑。宋代造船业主要分为官营和私营两种。其中，北宋官营船场发达且产量巨大，主要生产纲船（漕运船）、座船（官员客船）、战船、马船（运兵船）等。南宋官营船场不太发达，私营船场却因能生产出当时世界一流的船只而生意兴隆。[①]

宋代的商船体大坚固。当时设计船舶主要以载重多少石为准，确定载重量后，再依据实际需要，计算长度、宽度等数据，画成"船样"图纸，估算用料、人工、造价，方便购买者支付钱款。造船使用"料"这一计量单位，一料载重量约合110市斤。《梦粱录》中"江海船舰"载："海商之舰大小不等，大者五千料，可载五六百人。"[②]也就是说，一般大船载重约270吨。当然，这一载重量不是宋代大船的极限。北宋神宗时，荆湖地区有一艘内河"万石船"，其载重约660吨。宋徽宗时为出使高丽，在明州造了两艘大海船，号为"神舟"，船的长度在110米以上，载重超过1100吨。如此巨大的船

---

① 高红清：《国际化的宋代与海上丝绸之路》，《文明》2018年第6期。
② 吴自牧：《梦粱录》卷12，浙江人民出版社，1984年版。

1974年泉州后渚出土的南宋末年海船（藏于泉州开元寺内泉州湾古船陈列馆）

资料来源：作者拍摄

只行走水上，"巍然如山，浮动波上"。使船到达高丽后，高丽人"倾国耸观"，"欢呼赞叹"。

在海上往来的商船分福船、广船等。福船是福建、浙江一带沿海尖底海船的通称。1974年泉州后渚出土一艘南宋末年海船，经专家考证，该船属于福船，是泉州建造往来于东南亚的三桅帆船。广船是大型尖底船，头尖体长，梁拱小，甲板脊弧不高。

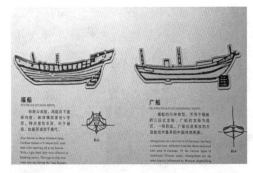

福船、广船构造图（摄于泉州海洋交通博物馆）

资料来源：作者拍摄

1974年泉州出土的南宋海船复原模型（藏于泉州开元寺内泉州湾古船陈列馆）

资料来源：作者拍摄

在船只维护方面，宋人还设计出干船坞。在没有船坞时，修船会面临许多问题。据沈括《梦溪笔谈》记载，为了修复金明池中大龙舟腐朽的船板，按照宦官黄怀信的提议，在金明池北岸挖掘了一个可容得下龙舟的大池，池底放置木墩，墩上面铺上木梁。将大池与金明池挖通，放水进池，然后把龙舟牵引到大木梁位置上，再用泥土将大池与金明池断开，抽出池中水，龙舟就被架起在空中，就可以修补船板。修缮完工后，将土墙挖去，注水入池，龙舟重新浮起来。

与强大的造船业相配套，宋代海员已经熟练地掌握洋流季风的规律，利用它来出海或返航。例如去南海诸国，是北风航海南风回；去朝鲜乘夏至后南风，北风方回；去日本利用初夏的西南季节风，回舶则利用春季的东北季节风。在茫茫海上，宋人主要依靠指南针，辅助以牵星术辨别方向与船只位置。[1]正是凭借着坚固而巨大的舟船和娴熟的航海技术，商人们打开了异域之门，带回了远方的奇珍。

作为商品生产国和贸易的起点地，两宋时期外销的商品有六大类，包括纺织品、陶瓷、金属及其制品、各种日常用品、农产品和副食品、药材等。瓷器是外销的大宗商品之一。宋朝陶瓷业蓬勃发展，达到一个新的高峰。著名的有钧、汝、官、哥、定五个窑，此外还有董窑、象窑、吉州窑、古定窑、古建窑、古龙泉窑等。宋代外销瓷涵盖范围非常广：江西景德镇窑、浙江龙泉窑以及福建德化窑和磁灶窑、广东潮州窑、广州西村窑等都有产品销往海外。在把这些瓷器销往国外的过程中，常常需要区别货物的主人。有时候他们用小木牌上做标记的办法，如在木牌上写上"南家记号""南家""曾干水记""林干水记""张干水记""干记"等；也可能是直接在瓷器底部留上作坊、姓氏、名号，如"蔡""陈""林""郑知客""然""直"等字，这样就区别开来。商人们还负责为海外客户定制商品，他们要求窑口烧制各种风格迥异的瓷器，满足客户的特殊需求。这种大规模的贸易往来，极大丰富了贸易国老百姓的社会生活。"飓风不作三农喜，舶客初来百物新。"宋代的

---

① 高红清：《国际化的宋代与海上丝绸之路》，《文明》2018年第6期。

人们期盼着商人们一路顺风，从海外运来各种新奇之物，以满足他们国际化的生活需要。①

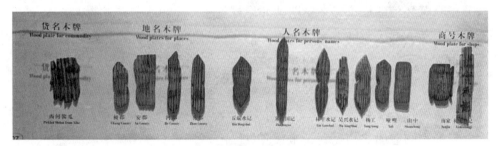

1974年随海船出土的标记有客户身份的木牌（藏于泉州开元寺内泉州湾古船陈列馆）
资料来源：作者拍摄

---

① 高红清：《国际化的宋代与海上丝绸之路》，《文明》2018年第6期。

二十一、凉州会谈

凉州会谈是中国民族统一历史上的大事件，其重要性绝不亚于汉宣帝设置西域都护府和松赞干布迎娶文成公主。然而，很多人对这次会谈却甚为陌生。这件发生在丝绸之路上的大事件，有着怎样的前因后果？对于我国民族统一大业，又具有怎样的历史意义？

凉州，就是今天的甘肃武威，自汉武帝开疆拓土、设立河西四郡以来，古凉州就雄踞于河西走廊东端的咽喉要冲，成为历代兵家必争之地。七百六十多年前，蒙古宗王阔端代表蒙古汗廷，与西藏萨迦派活佛萨迦·班智达（简称"萨班"），在这块土地上成功举行了"凉州会谈"。这一重大历史事件，和平解决了西藏归属问题，为西藏地区最终并入中国版图迈出了重要的一步。①

1. 凉州会谈的历史背景

13世纪初，蒙古逐渐强大起来，相继统一了西辽、西夏和金，统帅蒙古汗国西路军大将阔端走马赴西凉府，成为西凉王。1235年，蒙古兵分三路大举进攻南宋，西路军由阔端统领，进攻陇、蜀。蒙古军占领了吐蕃东北面的凤翔路、临洮路，以及东面的利州路、潼州府路和成都府路，这样吐蕃就处

---

① 中国社会科学院历史研究所：《中国通史》（辽西夏金元），华夏出版社2015年版，第178页。

于重兵压境的蒙古军包围中① ——在它的东南角只剩下一个小国大理政权，西面和南面是高山之外的南亚次大陆，正北面有昆仑山的阻隔。蒙古人兵临西藏，吐蕃面临或战或降的选择。

阔端，元太宗窝阔台第三子。史书记载，阔端既具军事战略家的眼光，又有政治家的睿智。为什么阔端会得到这么高的历史评价？

1239年，阔端派将领多达那波率一支蒙古骑兵进入西藏。这支军队从青海一路打到藏北。在拉萨北面，这支蒙古骑兵遭到寺院武装的小规模反抗。此后，他们在拉萨一带驻留了近两年，未再与当地发生武装冲突。这期间，多达那波与西藏僧俗上层频繁接触，了解当地的宗教政治情况。②

出人意料的是，1241年，多达那波军队撤出西藏。蒙军怎么突然撤走了呢？

第一个原因，可能是西藏的海拔高气候难以适应与后勤补给困难。西藏特殊的自然地理，决定了不能像新疆一样长期驻屯士兵。如果单靠内地运输军粮来支持大部队，耗费将颇重，就算蒙古军队能克服艰难险阻，逐步征服西藏各割据势力，但也很难长期驻守和控制西藏。

第二个原因，可能是窝阔台病重，导致蒙古高层内部政局不稳。阔端为了防止政治变化于己不利，将军队撤走。《元史》记载，这支军队撤出后，长期驻屯在甘、青一带。多达那波驻留藏地期间，详细了解了西藏的政治、经济、宗教状况，向阔端建议扶持一位能影响全藏的宗教领袖人物代理西藏事务，以教治藏，政教合一。

此时的西藏，政治上分裂割据，宗教上教派林立，形成很多以区域为中心的、自给自足的庄园式政治经济实体，每一个实体都支持一个教派，各教派又成为农奴主们维护自身利益的工具。宗教和政治紧密结合，使四分五裂的局面更加复杂。③

———————————

① 曾智娟：《浅议蒙藏凉州会谈及其历史意义》，《黑龙江史志》2010年第5期。

② 景虹雅：《试论蒙藏关系的开端——阔端与萨班凉州会谈》，《康定民族师范高等专科学校学报》2003年第4期。

③ 景虹雅：《试论蒙藏关系的开端——阔端与萨班凉州会谈》，《康定民族师范高等专科学校学报》2003年第4期。

西藏地广而险远，特殊的自然地理因素与政治因素使阔端意识到，不可能完全靠军事解决问题。在征服吐蕃的策略上，他采取了恩威并施，既武力炫耀，又政治拉拢，谋求与西藏宗教权威人士联合，实现控制和统治西藏的目的。从这个角度而言，多达那波在西藏与僧俗上层的频繁交往，以及后来的撤军，是阔端政治解决西藏问题的信号。

那么，阔端为什么选择了萨班而不是别人?

一方面是蒙古人长期考察的结果。多达那波在西藏驻军期间，就暗中考察西藏宗教上层各派的状况及其影响力，并向阔端提出：在边远的藏区，僧伽集团以甘丹派（噶当派）为大，善顾情面以达隆法王为智，荣誉德望以枳空·敬安大师为尊，通晓佛法以萨迦·班智达为精。[1]可见，此时萨班在西藏宗教各派中，还并未处于优势地位，但却属于候选名单上的重要备选人物。

另一方面也是西藏各个宗教力量主动寻求的结果。从西藏宗教上层方面看，各派力量在暗中寻找靠山，壮大自己的影响。各教派在长期的发展中，保持了一种相对的势均力敌，没有哪一方有足够的力量来完成统一，都需要借助外力打击对手，实现对西藏更大范围的统治。[2]

在这样的背景下，蒙古强大的军事实力，已引起西藏各地方势力的普遍关注。而其中的萨迦派，则同窝阔台领导下的阔端联系密切。

阔端权衡再三，首选了萨迦派法主萨班。萨班是萨迦·班智达的简称，古印度把通达"五明"（即声明、工巧明、医方明、因明和内明）的人称为"班智达"，意为"大学者"。萨班意即萨迦派的大学者，他是西藏地方藏传佛教历史上获此殊荣的第一人。

萨班不仅智慧超群，而且博闻强识、勤勉有加，幼年从伯父受沙弥戒，据说9岁就开始为人讲经说法。18岁时，萨班已经开始研读《阿毗达摩俱舍论》，这部经书在当时很多人看来晦涩难懂，根本无从着手。萨班25岁时，

---

① 《西藏王臣记》，郭和卿译，民族出版社，1983年版，第88—89页。

② 景虹雅：《试论蒙藏关系的开端——阔端与萨班凉州会谈》，《康定民族师范高等专科学校学报》2003年第4期。

从释迦室利受比丘戒，取法名萨班·贡噶坚赞，很快就成为通晓五明、享誉西藏地方乃至印度佛教界的大学者。

虽然从未去过印度，但由于超群的学术造诣，萨班的名言被悬挂在印度佛教名刹那烂陀寺的门口——这可是玄奘、义净等人冒着生命危险西行求法的目的地——而萨班都不用自己去，就已经被这个佛教最高学府奉若神明了。

2. 凉州会谈的经过及影响

在这样的历史背景下，1244年，阔端写信邀请萨班到凉州相见。阔端在信中说：

> 我召请你，文殊菩萨的化身，萨迦·班智达，请你不要踌躇地前来。假如你拖延不肯前来，我将派大军去杀戮百姓，蹂躏西方的唐兀和土蕃。你的心不将大为伤痛吗？这样着想，不要踌躇，赶快前来……故此，你若为佛教及众生着想，请尽快前来，我将使你管领西方的僧众。赏赐给你们的物品有：白银五大锭，镶有六千二百粒珍珠的珍珠袈裟，硫黄色锦缎长坎肩，靴子，五色锦缎二十四。[1]

邀请信明显是以"大汗"的名义发出，阔端代表的是蒙古汗国，而不是一地之王。这一点，萨班也心知肚明。信中阔端既以权力诱惑，又以武力威胁，萨班考虑之后决定赴邀。[2]

1244年，63岁的萨班带着两个年幼的侄子八思巴和恰那多吉，从萨迦寺动身前往凉州，历经两年长途跋涉，才抵达目的地。又过一年即1247年，萨班在凉州与阔端会晤。阔端钦佩萨班的智慧、学识与品德，承诺放弃武力进攻西藏，并邀请萨班前去蒙古传授佛法。双方经过协商，确定了西藏地方和平统一于蒙古的条件，并通过萨班致西藏各地方政教首领一封书信（即《萨

---

① 转引自王辅仁、陈庆英编：《蒙藏关系史略》，中国社会科学出版社，1985年版，第18页。
② 曾智娟：《浅议蒙藏凉州会谈及其历史意义》，《黑龙江史志》2010年第5期。

班致蕃人书》），昭告四方。这封书信的中心意思包括四个方面：一是归附者官居原职；二是誊写各地官员姓名、百姓数目、贡品数额等各三份，一送阔端，一送萨迦，一由各长官收执；三是绘制一份归附者与未归附者势力范围的地图；四是一切都须与萨迦金字使者商议而行。慑于萨班背后的蒙古军事力量，西藏地方各政教势力经过协商，达成一致，认可书信中的内容。

凉州会谈揭开了西藏历史发展新的一页，为西藏纳入元朝中央政府行政管辖奠定了基础。

萨班叔侄在凉州备受阔端的优待和礼遇。萨班此后就一直住在凉州，把萨迦寺交给他的弟子主持。阔端在凉州城外特地为萨班建造了宿舍和化身寺，供应一切讲经说法之所需。①萨班也投桃报李，在西凉曾为阔端治愈过一次比较严重的脚疾，因而也深得阔端信任。

当萨班在凉州讲经说法时，有四个人为他做翻译，分别把他的话译成蒙古语、维吾尔语、汉语和当地的安多藏语。在他的努力下，藏传佛教得到蒙古宗王的保护并逐步传播，奠定了藏传佛教萨迦派在元朝备受恩宠的基础地位。萨班也精心培养他的两位侄子，以接替自己的政教职位。他让长侄八思巴学习佛法，幼侄恰那多吉学蒙古语，娶蒙古公主，继承其行政职权。

1251年藏历十月萨班卒于凉州，终年70岁。

萨班与蒙古王子阔端的凉州会谈，既标志着蒙藏关系的正式确立，也反映了西藏地方与中原王朝建立起隶属关系，中央政府将西藏纳入管辖范围，开始直接管理西藏地区军政、宗教事务，②结束了西藏地方自吐蕃王朝之后长达四百年之久的分裂动乱，明确了西藏的归属问题。其影响有如下几个方面：

第一，蒙古汗国与西藏地方以藏传佛教为纽带，建立起牢固的政治联系，并且利用宗教有效地对西藏进行统治；萨迦派从此依仗蒙古汗国的强大

---

① 王世丽：《凉州会谈与蒙藏关系的奠基》，《云南民族大学学报（哲学社会科学版）》2009年第3期。

② 国务院新闻办公室：《西藏发展道路的历史选择》（白皮书），国务院新闻办公室网，2015年4月15日。

势力，逐步显赫。

第二，凉州会谈为以后西藏社会的全面发展提供了条件。它以一种不流血的方式顺利实现统一，使藏区生灵免遭战乱之苦，也使正常的社会生产得以持续。西藏安定统一的社会环境，促进了封建领主经济的进一步发展。

第三，萨迦政教合一的制度初步建立。在元朝政府的支持下，萨迦派不仅在宗教上居于领导地位，更在政治上享有高于其他教派势力的特权，萨迦派由此逐步从教派势力向政教合一的地方政权体制转变。

第四，凉州会谈增进了蒙藏两个民族的文化交流和共同发展。这主要体现在藏传佛教的传播方面，萨班在凉州生活了六年之久，其间一直为当地百姓讲经说法，使佛教日益深入人心。之后元朝帝师八思巴创制的蒙古新字，被定为蒙古国字加以使用。

1652年，五世达赖朝觐顺治帝，次年被册封为"达赖喇嘛"，这是西藏与祖国不可分割的历史见证

资料来源：作者拍摄

　　总之，国家的安定统一，民族的友好团结是中华民族的最高利益。凉州会谈顺应了社会历史发展的总趋势，符合各族人民的最根本利益，是众望所归、大势所趋，也是西藏成为中国不可分割的一部分的重要历史见证。

鲁明善、海答儿、徐松：农科史地著等身

在"一带一路"的历史上，除了那些文韬武略的政治家、军事家和外交家，以及那些求取佛法和富有冒险精神的大师和探险家以外，还有一部分人因著作而留名，却最不为人所熟悉，但仍然为"一带一路"的历史留下了浓墨重彩。

心系农桑的鲁明善

有元一代，周边少数民族相对活跃，有的随蒙古铁骑大举入塞，为丰富和发展元代社会的物质和精神生活作出了贡献，鲁明善即是其中的重要代表。

鲁明善，是元代著名的农学家，虽然有个汉族的名字，但实际是维吾尔人，他父亲名叫迦鲁纳答思，是元代著名的翻译家。他以父字鲁为姓氏，名铁柱，字明善。

鲁明善从小受到良好的教育，又长期随父亲游宦于各地，很早就因父亲恩荫入仕，从事文史工作，后又以奉议大夫的身份赴江西辅佐狱讼之事。元延祐元年（公元1314年），鲁明善到监寿郡（今安徽寿县）任中顺大夫、安丰路达鲁花赤（也就是当地最高行政长官）。以后他又在池州府、衡阳、靖州等地为官。鲁明善一生历任官职甚多，史载，"（明善）执笔抽简于天子左右，亦为外宰相属，连领六郡，五为监，一为守。"这说明他比较得元帝的信任。可能正是由于这种任职经历，他很重视农业生产，所到之处，要么"讲学劝农"，要么"复葺农桑为书以教人"，要么"修农书，亲劝耕

稼"。①

　　《农桑衣食撮要》就是鲁明善在安丰路任上编写刊刻的。《农桑衣食撮要》又名《农桑撮要》，全书仅一万一千多字，但结构严谨、内容丰富、涉及广泛，此书一经问世，即受到很高的评价。书中所载农事二百零八条，涵盖气象、水利、农耕、畜牧、园艺、农桑、竹木、果菜以及农产品的收藏、腌制等各类农事活动，以及农家日常生活常识等诸多内容，可谓是自北齐贾思勰《齐民要术》之后，又一部百科全书式的综合性农书。元至顺元年（公元1330年），他调任大都（今北京）之后，再次"刊之学宫"，可见他对这本书的看重程度。应当说，《农桑衣食撮要》的问世绝非偶然，有着特定的历史因素。

　　元朝的统治者世代以游牧为业，贯于畎猎之事，入主中原之后逐渐认识到中原以农桑为本，农业生产是恢复经济的当务之急，于是相继推行了一系列"以农桑为急务"的政策措施。由于政府重视，社会中私人撰录农书的风气随之兴起，以元代不足百年的历史，仅见诸史籍的农书就达几十种之多。

　　鲁明善的身份是当朝重要官员，他主编的书自然与民间著作不可等同，意味着元朝官方对农业的重视，因而这本《农桑衣食撮要》影响很大。

　　为避免以往"务农之书，或繁或简，田畴之人，往往多不能悉"的缺点，使"黄童白叟，日用不知，一览了然"，鲁明善取法东汉农书《四民月令》，"以事系月，编类成帙"，在体裁上采取了月令体，故在明代一度更命名《养民月宜》。全书条目明晰，内容简明扼要，详略得当；语言通俗易懂，切实可行。其列举每月所应从事的农事活动，则必于一项农事之后附以简洁的解释，述说行动规程。②

　　到了清朝，这本书依然享有盛誉，《四库全书总目提要》的评价就颇为中肯："明善此书，分十二月令，件系条别，简明易晓，使种艺敛藏之节，开卷了然，盖以阴补《农桑辑要》之所未备，亦可谓能以民事讲求实用者

---

　　①　赵斌、张睿丽：《译经传道，心系农桑》，《华夏文化》2000年第2期。
　　②　赵斌、张睿丽：《译经传道，心系农桑》，《华夏文化》2000年第2期。

矣。"清代考据学者钱保塘也指出："（此书）简要浅显，皆四民日用切近之事，语多可晓，行之亦易……广为刊布，以民间衣食之一助也。"①

由于鲁明善著书面向普通百姓，行文简明流畅，全文既不引经据典，也不雕饰词句，可说是要言不烦，使它成为一部比同时代其他同类著作更为出色的农书。仅以月令体农书而言，我国历代著述虽为数不少，但大多亡佚，唯保存至今并堪与之相提并论的也只有丁家宜的《农圃便览》而已。②

定边著史的海答儿

米尔咱·马黑麻·海答儿，是叶尔羌汗国时期著名的政治军事活动家、史学家和文学家，并以其史学方面的名著《拉失德史》闻名于世。

海答儿是察合台蒙古人的后裔，出身于东察合台汗国时期南疆最有权势的朵豁剌惕氏族，生于喀什噶尔。

海答儿生活在一个动荡的时代。少年时代曾跟随父亲转战各地。父亲被乌孜别克人杀死后，他投奔了日后创建莫卧儿王朝的表兄巴布尔。巴布尔待之甚厚，征战出行，常不离左右。他也不负巴布尔厚望，很快就能独自带兵作战。

1512年，巴布尔在河中地被乌孜别克人击败，海答儿转投姑表兄赛义德。赛义德同样厚待他，亲自教他习文练武。两年后，他随赛义德越过帕米尔，消灭了地方割据势力，建立了叶尔羌汗国。这时他只有15岁。

叶尔羌汗国建立以后，海答儿得到了赛义德的丰厚赏赐，擢居高位，统帅军队，参议朝政。在他远征克失迷尔（今克什米尔）期间，赛义德死于行军途中，宫廷内部发生了争权斗争，海答儿的兵权也被解除。

为了避难，海答儿逃亡印度，先后投奔巴布尔的两个儿子康兰·米尔咱和胡马雍。有过跟随两个王朝开国皇帝征战经历的海答儿，利用他们的人

---

① 赵斌、张睿丽：《译经传道，心系农桑》，《华夏文化》2000年第2期。
② 赵斌、张睿丽：《译经传道，心系农桑》，《华夏文化》2000年第2期。

马于1540年攻占了克失迷尔，成为这一地区的最高统治者。在执政的十一年间，他一心与民休息，复兴地区经济，使这个地区很快从一片废墟、满目荒凉，变得农产丰饶、市井繁华。

然而，真正让海答儿在中华文明史垂名的，不是他治理一方的政治才华，而是他叙述蒙兀儿人（即"蒙古"一词的波斯语和阿拉伯语变音，又译作"莫卧儿"，是东察合台汗国突厥化蒙古人后裔的自称）历史的著作——《拉失德史》，主要记述了从秃忽鲁·帖木儿算起的察合台汗家族的发展史，以及海答儿本人的成长历史。

此书内容十分丰富，保存了许多社会生活、政治斗争、军事活动的史料，还收录了一些君王行为的典则，对研究叶尔羌汗国的历史具有很高的史料价值。由于该书是唯一一本存留于世的系统记述叶尔羌汗国早期历史的著作，更显得弥足珍贵。

海答儿在叙述历史事件时，用富有诗意的语言来表现自己对历史事件的看法和态度，用富有感情的诗歌语言来议论或抒情，用韵文来描写历史人物的活动和战场上士兵作战的情况，使历史内容和艺术表现融为一体，具有极高的文学价值。《拉失德史》不仅成为维吾尔史学和文学两个领域中影响深远的著作，更成为中华文明史中不可多得的民族史学巨著。

边疆学者徐松

徐松是清代著名地理学家。青年徐松学业发展顺风顺水，24岁考中举人，25岁以殿试二甲第一名中进士，选翰林院庶吉士，不久授翰林院编修，入值南书房，29岁进入全唐文馆，担任提调兼总纂官。

徐松在嘉庆十六年（公元1811年），即他30岁的时候，被外放湖南学政，掌管一省教育，负责一方学子的选拔，可谓年少得志。然而，"登高者必跌重"的古训，须臾不可忘记。第二年徐松就被发配新疆，瞬间跌至人生谷底。这又是怎么一回事？

徐松文才出众，深受桐城派影响，对文章创作只求简明达意、条理清晰，不重罗列材料、堆砌辞藻，不用诗词与骈句，力求"清真雅正"。这本来是好事，对清朝中期一潭死水的文坛而言，属于一股清流。然而，可能是因为年少求学一路顺风顺水，因此，徐松把他的这种文思理念引入到对八股文章和科举考试的批评上来，对科举的程序也颇有非议。

惠远古城景仁门
资料来源：作者拍摄

如果徐松只是翰林院的一个清闲编修，那么他的不同意见不会引起重视，但作为一省学政，一言一行就必定受到很多人的关注。果然，当徐松主考湖南乡试不久，一封关于"徐学政""九大罪状"的弹劾书就呈到了嘉庆皇帝的面前，如"乘轿进棂星门"——打破了数百年科举考试的惯例——依照规矩，孔庙"下马牌"前，官员都必须停轿，以及"重价发卖诗文"、"出题割裂经文"等。最终经过三审定谳，徐松以"卖书渔利"而涉嫌受贿，革职、抄家，被重判"发往新疆效力赎罪"。[①]

作为皇帝钦定发配的前高级官员，32岁的徐松历经了半年多的风霜困苦到达伊犁后，不敢再流露任何蛛丝马迹冒犯圣意，规规矩矩，听候差遣。可以想象，原本仕途一片光明之际，他却被流放塞外边疆，前途未卜，其中苦辣滋味，只有他自己才能体会到了。

时任伊犁将军松筠，是一个有远见的封疆大吏，明白文治对于巩固边陲的意义。原先他就请了在戍伊犁的文职遣员编纂志书，定名为《西陲总统事略》。但他对此书并不满意，于是把希望寄托在曾经的翰林院编修、具有很高文学造诣的徐松身上。松筠有意笼络徐松，便想给他在册房谋个笔帖式的

---

① 朱玉麒：《徐松遣戍新疆案过程新证》，《西域研究》2015年第4期。

职位，上奏朝廷，没想到嘉庆朱批"殊属有意市恩，所奏不准行"。①朝廷的官方职位既然得不到恩准，松筠只好在自己权力范围内暗暗启用徐松进行方志的编纂。

对徐松而言，这次嘉庆对松筠的斥责，无异于当头一棒，使徐松清醒地意识到，伊犁的流放生活可能会持续很长时间。这反倒让徐松沉下心来，不再寄望于仕途，而是借编纂修志之机，潜心研究西北史地。

在松筠的安排下，徐松对天山南北两路进行了广泛而细致的考察。他翻越天山穆素尔岭（今穆扎尔特达坂），到达阿克苏，考察了叶尔羌、喀什噶尔、英吉沙尔、阿克苏、库车、喀喇沙尔（今焉耆），又东去吐鲁番、乌鲁木齐，行程近万里，然后返回伊犁。根据考察的笔记，徐松在《西陲总统事略》的基础上，完成了一部新作——《新疆识略》。松筠览毕，大为感叹，这部书的水准确实超越了前作。

这部《新疆识略》，体例更加完备、内容更加丰富、叙述更加准确，是对《西陲总统事略》烦琐内容的进一步提炼、复杂结构的进一步调整；他还仿照《文献通考》的模式，每一门开篇都有小序，讲明著述的意图。为简明起见，徐松还增设了道里、水道、职官姓氏、卡伦、哈萨克世系、布鲁特头人等六表，将各表分附在有关门类之后，使图、表与文三者互相对比，互为印证。②

经过三次编定，徐松的这部《新疆识略》得到新继位的道光帝的意外青睐。清道光元年（公元1821年），道光皇帝定其名为《钦定新疆识略》，并亲自撰序，付武英殿刊行。谁曾想，因言获罪的徐松，又因言得到了新任皇帝的青眼相待，赦免返京。此时，距徐松初到新疆，已过去九年。

特别需要指出的是，书名中出现了"新疆"一词，这是清朝政府首次将新疆作为正式的专有地名使用。这对新疆后来建省定名产生了不可忽视的影响。

---

① 朱玉麒：《徐松遣戍伊犁时期的新史料》，《伊犁师范学院学报》（社会科学版）2015年第2期。

② 《徐松：清代西北史地第一人》，《伊犁晚报》2016年9月5日。

从新疆返京后，徐松除短暂外放做官外，便几乎居京治学。一直到生命的终结，徐松的官位也只是礼部郎中，再也没有超过他30岁时所达到的官位品秩。然而徐松的名字不仅没有被遗忘，反倒可能会更长久地被人铭记，全因他这部呕心沥血的著作《新疆识略》。

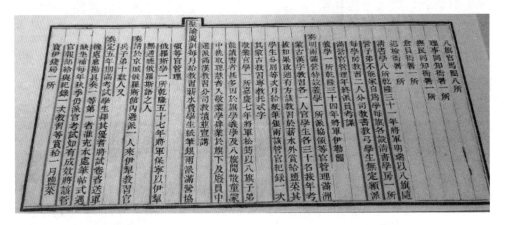

不同版本的《钦定新疆识略》

资料来源：作者拍摄（下图，藏于伊犁将军府）

参考文献

1. 史籍

《史记》，中华书局，1959年版。

《汉书》，中华书局，1962年版。

《后汉书》，中华书局，2000年版。

《三国志》，中华书局，1982年版。

《魏书》，中华书局，2017年版。

《晋书》，中华书局，1996年版。

《周书》，中华书局，1971年版。

《北史》，中华书局，2003年版。

《梁书》，中华书局，1973年版。

《隋书》，中华书局，1997年版。

《唐会要》，中华书局，1955年版。

《旧唐书》，中华书局，1975年版。

《新唐书》，中华书局，1975年版。

《资治通鉴》，中华书局，1997年版。

《续资治通鉴长编》，中华书局，2004年版。

《册府元龟》，凤凰出版社，2006年版。

《宋史》，中华书局，1985年版。

《宋会要辑稿》，上海古籍出版社，2014年版。

《元史》，中华书局，1976年版。

《清高宗实录》，中华书局，1987年版。

《清仁宗实录》，中华书局，1986年缩印本。

《清穆宗实录》，中华书局，1987年版。

《清德宗实录》，中华书局，1987年版。

《光绪朝大清会典事例》，中国藏学出版社，2006年版。

《清史稿》，中华书局，1976年版。

2. 著作

（汉）晁错：《募民相徙以实塞下疏》，中国人民解放军战士出版社，1974年版。

（唐）柳宗元：《柳河东集》，上海古籍出版社，2008年版。

（唐）徐坚：《初学记》，中华书局，2008年版。

（唐）杜佑：《通典》，中华书局，1988年版。

（宋）吴自牧：《梦粱录》，浙江人民出版社，1984年版。

（明）黄淮、杨士奇：《历代名臣奏议》，上海古籍出版社，2012年版。

（明）陈子龙：《明经世文编》，中华书局，1962年版。

（明）顾炎武：《天下郡国利病书》，上海科学技术文献出版社，2002年版。

（清）第五世达赖喇嘛·阿旺罗桑嘉措：《西藏王臣记》，郭和卿译，民族出版社，1983年版。

（清）刘锦藻：《清朝文献通考》，浙江古籍出版社，1988年版。

（清）奕䜣：《平定陕甘新疆回匪方略》，文海出版社，1976年版。

（清）刘锦棠：《刘襄勤公奏稿》，载马大正、吴丰培编：《清代新疆稀见奏牍汇编（同治、光绪、宣统朝卷）》卷10，新疆人民出版社，1997年版。

（清）魏光焘：《勘定新疆记》，文海出版社，1976年版。

（清）王树枏、袁大化：《新疆图志》，上海古籍出版社，1992年版。

（清）左宗棠：《左宗棠全集》，岳麓书社，2009年版。

［意］G.杜齐：《西藏考古》，向红笳译，西藏人民出版社，1987年版。

［英］包罗杰：《阿古柏伯克传》，商务印书馆翻译组译，商务印书馆，1976年版。

［美］费正清：《剑桥中国晚清史》，中国社会科学出版社，1985年版。

［法］勒内·格鲁塞：《草原帝国：游牧民族与农耕民族三千年的碰撞交融史》，赵晓鹏译，中国致公出版社，2019年版。

［英］斯坦因：《西域考古记》，向达译，中华书局、上海书店，1987年版。

［瑞典］斯文·赫定：《亚洲腹地旅行记》，李述礼译，上海书店，1984年版。

陈庆英等：《萨迦世系史》（汉译本），西藏人民出版社，1989年版。

陈炎：《海上丝绸之路与中外文化交流》，北京大学出版社，1996年版。

范少言等：《丝绸之路沿线城镇的兴衰》，中国建筑工业出版社，2010年版。

国务院新闻办公室：《新疆的若干历史问题》（白皮书），人民出版社，2019年版。

李庆新：《海上丝绸之路》，五洲传播出版社，2006年版。

马大正等：《新疆史鉴》，新疆人民出版社，2006年版。

新疆高校历史教材编写组：《新疆地方史》，新疆大学出版社，1992年版。

新疆社会科学院历史研究所：《新疆地方历史资料选辑》，人民出版社，1987年版。

新疆社会科学院民族研究所：《新疆简史》，新疆人民出版社，1980年版。

王辅仁、陈庆英编：《蒙藏关系史略》，中国社会科学出版社，1985年版。

曾问吾：《中国经营西域史》，上海商务印书馆，1936年版。

张维华：《明代海外贸易简论》，学习生活出版社，1955年版。

3. 报刊网站

白翠琴：《瓦剌境域变迁考述》，《蒙古史研究》1985年6月。

陈尚胜：《论明代市舶司制度的演变》，《文史哲》1986年第2期。

陈晓露：《从楼兰八面体佛塔看犍陀罗艺术之东传》，《中国民族报》2010年12月7日。

龚绍方：《宋代海上丝路源头新探》，《中州学刊》2008年第5期。

贺萍：《新疆各民族是中华民族大家庭血脉相连的家庭成员》，《新疆日报》2018年11月16日。

马大正、周卫平：《新疆是多民族共同生活的大家园》，《人民日报》2019年7月22日。

马品彦、祖力亚提·司马义：《交融共存是新疆地区宗教关系的主流》，《求是》2018年第20期。

李必忠：《安西四镇考辨》，《唐史研究会论文集》1980年10月。

陆靭：《论市舶司性质和历史作用的变化》，《海交史研究》1988年第1期。

南快莫德格：《论瓦剌蒙古与西域社会》，《西北民族大学学报（哲学社会科学版）》2005年第2期。

王剑波：《古代海上丝绸之路起点探源》，《浙江日报》2017年8月14日。

王磊：《班超出使西域，重开丝绸之路》，《中国民族报》2015年5月29日。

王连旗、包朗：《汉朝的西北屯垦战略与边疆安全》，《塔里木大学学报》2014年第4期。

王希隆：《关于清代新疆军府制的几个问题》，《西域研究》2002年第1期。

王香莲、蓝琪：《论吐蕃在唐西域的活动及其对丝绸之路的影响》，《贵州师范大学学报（社会科学版）》2004年第1期。

武红薇、张杰：《略论清代在新疆设置军府制的历史作用》，《石河子大学学报（哲学社会科学版）》2003年第2期。

乌廷玉：《清朝屯田》，《史学集刊》1996年第4期。

肖立军：《瓦剌的兴衰》，《历史教学》1997年第10期。

叶舒宪：《丝绸之路还是玉石之路》，《人民日报》2013年11月1日。

岳廷俊、其格：《明朝屯垦经济初探》，《新疆社科论坛》1999年第2期。

张安福：《屯垦西域与唐代西北边疆安全体系的构建研究》，《宁夏社会科学》2011年第1期。

国务院新闻办公室：《新疆的历史与发展》（白皮书），国务院新闻办公室网，2003年5月26日。

国务院新闻办公室：《新疆生产建设兵团的历史与发展》（白皮书），国务院新闻办公室网，2014年10月5日。

国务院新闻办公室：《新疆各民族平等团结发展的历史见证》（白皮书），国务院新闻办公室网，2015年9月25日。

后记：万方乐奏有于阗

可能是受了边塞诗人的影响，从小生长在山区的我，一直对大漠孤烟、长河落日的景象有一种憧憬，进而对边疆的民族融合、民俗风物产生了兴趣。然而真正有机会相对系统地对边疆历史、政治和文化进行思考，是进入中央党校工作之后。中央对边疆民族地区的发展历来高度重视，长期以来在中央党校专设新疆班和西藏班。由于给民族班干部上课的原因，我也有机会接触了不少党的民族干部，在同他们交流的过程中，我对边疆地区的经济和社会生活情况有了进一步的了解。

适逢2013年习近平总书记提出"一带一路"的倡议，为我国边疆民族地区的发展注入了新的动力，这让我更加关注"一带一路"沿线，特别是所涉及的我国边疆地区的发展。在我较为系统查阅了近年来出版的"一带一路"相关书籍后发现，其中绝大部分关注的是当前"一带一路"的经济发展、贸易投资与国际战略合作等议题，而对"一带一路"的历史沿革几乎没有关注。这让我萌生了一个想法：基于我的工作平台和研究专业，能否写一本介绍"一带一路"历史和政治制度变迁的书？

于是，这几年我利用讲课和调研的机会，先后到西藏（三次）、青海、甘肃、陕西、新疆、福建、宁夏等地，围绕"一带一路"的历史沿革、民族融合与国家统一这几个主题，走访了50多个县乡和历史遗迹，调查研究并搜集素材，远至西藏山南地区中印边境、青海果洛藏区的青甘川三省交界，以及河西走廊上"长风几万里"的玉门关，都留下了我的足迹。特别是2017年8月，我首次到新疆这个丝绸之路上的重地，无论是北边重镇伊犁，还是南疆古城喀什，都让我深切感受到了在中央第二次新疆工作座谈会之后，这里所发生的显著变化，群众生活更安全了、各民族之间更和睦了。这些直观的感受，加之先期积累的丰富素材，使我"下笔如有神"。当然，其中也借鉴了很多前辈学者的研究成果，限于本书篇幅及具有一定普及读物的性质，没有一一标注。至2017年底，本书的初稿便完成了。

这本书主要是一本历史读物，然而毕竟是讲丝绸之路的历史，其中必定会涉及民族和宗教的历史。由于我并非专门做民族和宗教研究的，为了使文中相关表述更加准确、严谨，行文更加流畅，我又进一步翻阅史料进行了多次增删和修订。及至2019年初，根据组织安排和本人志愿申请，我有机会到新疆乌鲁木齐高新区挂职，利用工作闲余进一步完善书稿，特别是涉及新疆地区历史的内容。挂职一年多时间，不仅使我更加深入地接触包括汉族、维吾尔族、哈萨克族等在内的各民族基层群众，了解这里的历史和文化，并且文中相关内容都依据了国务院《新疆的若干历史问题》（白皮书）、《新疆的历史与发展》（白皮书）、《新疆各民族平等团结发展的历史见证》（白皮书）、《新疆生产建设兵团的历史与发展》（白皮书）、《求是》、《人民日报》等关于新疆历史和宗教的权威表述，力图使叙述更加准确和严谨。

随着研究的深入，我愈发感到，正如毛泽东同志所言的"万方乐奏有于阗"——民族的交融和国家的大一统是历史的潮流、发展的大势，是这个国家不同民族群众共同努力的必然。一切逆流而动的民族分裂势力、宗教极端势力和暴力恐怖势力，都将成为民族的罪人和历史的小丑。这一点，是历史已经一再明证了的。

感谢我在中国人民大学的同学、广东人民出版社编辑廖智聪的大力帮助和付出，并对书稿提出许多中肯的意见；也感谢我的家人，在我新疆挂职的这一年中，对家庭和孩子的无私照顾，才使这本书能够顺利出版。

冉昊
2019年9月于新疆乌鲁木齐高新区

提高阅读效率
与书友互动交流

扫码后，您可以获得

以下线上服务：

 倾听书友观点

 发表我的观点